中华人民共和国
社区矫正法
注解与配套

第六版

中国法制出版社
CHINA LEGAL PUBLISHING HOUSE

图书在版编目（CIP）数据

中华人民共和国社区矫正法注解与配套／中国法制出版社编.—北京：中国法制出版社，2023.10
（法律注解与配套丛书）
ISBN 978-7-5216-3727-4

Ⅰ.①中… Ⅱ.①中… Ⅲ.①社区-监督改造-法律解释-中国 Ⅳ.①D926.75

中国国家版本馆 CIP 数据核字（2023）第 118899 号

策划编辑：袁笋冰　　责任编辑：李槟红　　封面设计：杨泽江

中华人民共和国社区矫正法注解与配套
ZHONGHUA RENMIN GONGHEGUO SHEQU JIAOZHENGFA ZHUJIE YU PEITAO

经销/新华书店
印刷/三河市国英印务有限公司
开本/850 毫米×1168 毫米　32 开　　　　　印张/ 6.125　字数/ 146 千
版次/2023 年 10 月第 1 版　　　　　　　　　2023 年 10 月第 1 次印刷

中国法制出版社出版
书号 ISBN 978-7-5216-3727-4　　　　　　　　　　　　　　定价：20.00 元

北京市西城区西便门西里甲 16 号西便门办公区
邮政编码：100053　　　　　　　　　　传真：010-63141600
网址：http://www.zgfzs.com　　　　　编辑部电话：010-63141675
市场营销部电话：010-63141612　　　　印务部电话：010-63141606

（如有印装质量问题，请与本社印务部联系。）

出版说明

中国法制出版社一直致力于出版适合大众需求的法律图书。为了帮助读者准确理解与适用法律，我社于2008年9月推出"法律注解与配套丛书"，深受广大读者的认同与喜爱，此后推出的第二、三、四、五版也持续热销。为了更好地服务读者，及时反映国家最新立法动态及法律文件的多次清理结果，我社决定推出"法律注解与配套丛书"（第六版）。

本丛书具有以下特点：

1. 由相关领域的具有丰富实践经验和学术素养的法律专业人士撰写适用导引，对相关法律领域作提纲挈领的说明，重点提示立法动态及适用重点、难点。

2. 对主体法中的重点法条及专业术语进行注解，帮助读者把握立法精神，理解条文含义。

3. 根据司法实践提炼疑难问题，由相关专家运用法律规定及原理进行权威解答。

4. 在主体法律文件之后择要收录与其实施相关的配套规定，便于读者查找、应用。

此外，为了凸显丛书简约、实用的特色，分册根据需要附上实用图表、办事流程等，方便读者查阅使用。

真诚希望本丛书的出版能给您在法律的应用上带来帮助和便利，同时也恳请广大读者对书中存在的不足之处提出批评和建议。

中国法制出版社
2023年10月

适用导引

2019年12月28日，第十三届全国人民代表大会常务委员会第十五次会议审议通过了《社区矫正法》，① 该法自2020年7月1日起施行。

社区矫正是贯彻党的宽严相济刑事政策，推进国家治理体系和治理能力现代化的一项重要制度。对符合条件的罪犯依法实行社区矫正，促使其在社会化开放环境下顺利回归社会，有利于化解消极因素，缓和社会矛盾，预防和减少犯罪，维护社会和谐稳定；同时也有利于减少监狱羁押，节约行刑成本。我国社区矫正工作于2003年开始试点，2005年扩大试点，2009年在全国试行，十几年来总体来看社区矫正工作发展迅速、成效显著，取得了良好的法律效果和社会效果。自党的十八大以来，以习近平同志为核心的党中央高度重视社区矫正立法工作。党的十八届三中全会决定提出"健全社区矫正制度"，党的十八届四中全会决定提出"制定社区矫正法"。在充分讨论和吸收各方面意见的基础上，《社区矫正法》总结了我国社区矫正工作的经验，对实践中的突出问题作出回应，同时借鉴域外有益做法，体现了我国司法理念和司法制度的新发展、新进步，必将为推进和规范社区矫正工作发挥积极作用。制定《社区矫正法》也是贯彻落实党的十九届四中全会提出的加强系统治理、依法治理、综合治理、源头治理和坚持依法治国、依法执政、

---

① 为便于阅读，本书中相关法律文件名称中的"中华人民共和国"字样都予以省略。

依法行政共同推进的要求，对于建设中国特色社会主义法治体系，具有重要意义。

《社区矫正法》分为总则；机构、人员和职责；决定和接收；监督管理；教育帮扶；解除和终止；未成年人社区矫正特别规定；法律责任；附则九章，共63条。主要内容如下：

（一）明确了适用范围。规定对被判处管制、宣告缓刑、假释和暂予监外执行的罪犯，依法实行社区矫正。对社区矫正对象的监督管理、教育帮扶等活动，适用本法。

（二）明确了社区矫正工作的管理体制和工作机制。规定司法行政部门主管社区矫正工作。人民法院、人民检察院、公安机关和其他有关部门依照各自职责，依法做好社区矫正工作。人民检察院依法对社区矫正工作实行法律监督。居民委员会、村民委员会依法协助社区矫正机构做好社区矫正工作。社区矫正对象的监护人、家庭成员，所在单位或者就读学校应当协助社区矫正机构做好社区矫正工作。

（三）明确了社区矫正机构和社区矫正工作人员。规定县级以上地方人民政府根据需要设置社区矫正机构，负责社区矫正工作的具体实施。社区矫正机构的设置和撤销，由县级以上地方人民政府司法行政部门提出意见，按照规定的权限和程序审批。社区矫正机构应当配备具有法律等专业知识的专门国家工作人员，履行监督管理、教育帮扶等执法职责。

（四）明确了实施社区矫正的程序。一是明确了社区矫正执行地为社区矫正对象的居住地；二是明确了社区矫正决定机关根据需要，可以委托社区矫正机构或者有关社会组织对被告人或者罪犯的社会危险性和对所居住社区的影响，进行调查评估，提出意见，供决定社区矫正时参考；三是对有关法律文书送达，社区矫正对象报到、接收等程序作了细化规定；四是规定了社区矫正机构依照有关规定对社区矫正对象实施考核奖惩等；五是对解除社区矫正、社区矫正终止等程序作了相关规定。

（五）明确了监督管理措施。规定社区矫正对象在社区矫正期间应当遵守国务院司法行政部门关于报告、会客、外出、迁居、保外就医等监督管理规定，服从社区矫正机构的管理。社区矫正对象失去联系的，社区矫正机构应当立即组织查找，公安机关等有关单位和人员应当予以配合协助。社区矫正机构发现社区矫正对象正在实施违反监督管理规定的行为或者违反人民法院禁止令等违法行为的，应当立即制止；制止无效的，应当立即通知公安机关到场处置。

（六）明确了教育帮扶措施。县级以上地方人民政府及其有关部门应当通过多种形式为教育帮扶社区矫正对象提供必要的场所和条件，组织动员社会力量参与教育帮扶工作。明确社区矫正对象可以按照国家有关规定申请社会救助、参加社会保险、获得法律援助，社区矫正机构应当给予必要的协助。

此外，在有关部门和机关之间工作的衔接配合、依法矫正社区矫正对象并保护其合法权益，以及未成年人的社区矫正等方面，《社区矫正法》也作了规定。

目 录

适用导引 ·· 1

中华人民共和国社区矫正法

第一章 总 则

第 一 条 【立法宗旨】 ·· 1
第 二 条 【适用范围】 ·· 4
第 三 条 【原则和目标】 ·· 5
  1. 社区矫正工作的原则和目标是什么？ ············· 5
第 四 条 【依法矫正、尊重和保障人权】 ············· 7
第 五 条 【矫正工作信息化】 ································ 8
第 六 条 【经费保障】 ·· 9
第 七 条 【表彰和奖励】 ······································ 10

第二章 机构、人员和职责

第 八 条 【社区矫正工作体制和分工】 ··············· 10
第 九 条 【社区矫正机构】 ·································· 12
第 十 条 【社区矫正机构工作人员的职责】 ······· 12
第十一条 【社区矫正社会工作者】 ······················ 12
第十二条 【基层组织、有关单位和个人的协助】 ······· 14

第 十 三 条　【社会力量参与社区矫正工作】 ……… 16
第 十 四 条　【社区矫正机构工作人员的职业准则】 ……… 16
第 十 五 条　【依法履职受法律保护】 ……… 18
第 十 六 条　【社区矫正工作队伍建设】 ……… 20
　2. 国家为什么要推进高素质的社区矫正工作队伍建设？… 20
　3. 如何才能推进建设高素质的社区矫正工作队伍？……… 20

第三章　决定和接收

第 十 七 条　【社区矫正执行地的确定】 ……… 21
第 十 八 条　【决定前的调查评估】 ……… 22
　4. 调查评估的内容是什么？ ……… 23
　5. 调查评估的目的是什么？ ……… 23
　6. 调查评估是不是决定社区矫正的必经环节？ ……… 23
第 十 九 条　【依法决定社区矫正】 ……… 24
　7. 社区矫正决定机关的职责有哪几个方面？ ……… 25
第 二 十 条　【通知和文书送达】 ……… 26
　8. 社区矫正法律文书是否应当抄送、转送有关人民检察院、公安机关？ ……… 26
　9. 人民检察院如何加大对交付执行环节的监督力度？ …… 27
第二十一条　【报到和移送】 ……… 27
　10. 社区矫正对象到社区矫正机构接受社区矫正的方式包括哪些？ ……… 28
第二十二条　【接收和宣告程序】 ……… 29
　11. 宣告的内容包括哪几个方面？ ……… 30

第四章　监督管理

第二十三条　【社区矫正对象的义务】 ……… 31

第二十四条　【矫正方案】…………………………………… 34
第二十五条　【矫正小组】…………………………………… 36
　　12. 矫正小组人员组成可以包括哪几个方面的人员？……… 36
第二十六条　【掌握社区矫正对象的情况和表现】………… 37
　　13. 社区矫正机构为了解掌握核实社区矫正对象的情
　　　　况，一般可以依法采取哪些措施？…………………… 38
第二十七条　【外出、迁居和变更执行地】………………… 39
　　14. 社区矫正机构作出社区矫正对象执行地变更决定
　　　　的审批程序是什么？…………………………………… 39
　　15. 情况特殊的社区矫正对象因正常工作和生活需要
　　　　申请经常性跨市县活动的，人民检察院是否可以
　　　　依法推动社区矫正机构简化审批程序和方式？……… 40
第二十八条　【考核奖惩】…………………………………… 41
　　16. 对社区矫正对象的考核结果，是否可以作为认定
　　　　其是否确有悔改表现或者是否严重违反监督管理
　　　　规定的依据？…………………………………………… 42
第二十九条　【使用电子定位装置】………………………… 42
　　17. 社区矫正机构对通过电子定位装置获得的信息是
　　　　否应当严格保密？……………………………………… 43
第 三 十 条　【查找失去联系的社区矫正对象】…………… 44
　　18. 查找到社区矫正对象后，应如何依法作出处理？…… 44
第三十一条　【违法行为的制止与处置】…………………… 45
第三十二条　【其他机关限制人身自由的通知义务】……… 45
第三十三条　【减刑程序】…………………………………… 45
　　19. 人民检察院在办理有重大社会影响的社区矫正对
　　　　象减刑监督案件时，是否可以运用公开听证方式
　　　　来开展案件审查工作？………………………………… 47
第三十四条　【合法权益保障】……………………………… 47

3

第五章 教育帮扶

第三十五条 【场所和条件】 …………………………… 47
第三十六条 【教育矫正】 …………………………… 48
第三十七条 【职业技能培训和就学】 …………… 48
第三十八条 【特殊困难对象的社区教育帮扶】 …… 49
第三十九条 【监护人、家庭成员、单位和学校的义务】 … 50
第 四 十 条 【社工、专业社会组织的帮扶】 ………… 50
第四十一条 【社会力量帮助就业】 ………………… 50
 20. 社会组织的范围是什么？ ……………………… 50
 21. 国家优惠政策的主要内容是什么？ …………… 50
第四十二条 【参加公益活动】 ……………………… 51
第四十三条 【社会救助、社会保险和法律援助】 ………… 51

第六章 解除和终止

第四十四条 【社区矫正的解除】 …………………… 54
 22. 解除社区矫正的情形包括哪几种？ …………… 54
第四十五条 【社区矫正的终止】 …………………… 55
 23. 社区矫正终止包括哪几种情形？ ……………… 55
第四十六条 【撤销缓刑、假释的管辖和提请】 …………… 56
第四十七条 【撤销缓刑、假释程序中的逮捕措施】 … 57
第四十八条 【撤销缓刑、假释的裁定和执行】 ……… 57
第四十九条 【暂予监外执行的社区矫正对象收监执行程序】 …………………………………… 58
 24. 人民检察院开展社区矫正监督工作，对于保外就医的社区矫正对象是否符合暂予监外执行条件应如何加强审查？ ………………………………… 58

第 五 十 条　　【追捕】 ………………………………… 59
第五十一条　　【社区矫正对象死亡的报告和通知】 …… 61

第七章　未成年人社区矫正特别规定

第五十二条　　【对未成年人社区矫正的一般要求】 …… 62
第五十三条　　【监护人责任】 …………………………… 64
第五十四条　　【未成年社区矫正对象相关信息的保密】 … 65
第五十五条　　【就学就业】 ……………………………… 66
第五十六条　　【有关组织的责任】 ……………………… 67
第五十七条　　【就学就业不受歧视】 …………………… 68
第五十八条　　【矫正期间成年的继续适用相关规定】 … 68

第八章　法律责任

第五十九条　　【社区矫正对象违反监管规定的处理】 … 69
第 六 十 条　　【社区矫正对象报复等违法行为的法律
　　　　　　　　责任】 ……………………………… 69
第六十一条　　【相关国家工作人员的法律责任】 ……… 70
第六十二条　　【检察机关的监督责任】 ………………… 71

第九章　附　　则

第六十三条　　【施行日期】 ……………………………… 72

配 套 法 规

中华人民共和国社区矫正法实施办法 ………………………… 73
　（2020年6月18日）

中华人民共和国刑法（节录） ·················· 93
　　（2020 年 12 月 26 日）
中华人民共和国刑事诉讼法（节录） ············ 99
　　（2018 年 10 月 26 日）
中华人民共和国监狱法（节录） ················ 102
　　（2012 年 10 月 26 日）
最高人民法院、最高人民检察院、公安部、司法部关于
　　全面推进社区矫正工作的意见 ·············· 103
　　（2014 年 8 月 27 日）
司法部、中央综治办、教育部、民政部、财政部、人力
　　资源社会保障部关于组织社会力量参与社区矫正工作
　　的意见 ································· 109
　　（2014 年 9 月 26 日）
最高人民法院、最高人民检察院、公安部、司法部关于
　　进一步加强社区矫正工作衔接配合管理的意见 ········ 114
　　（2016 年 8 月 30 日）
最高人民法院关于贯彻宽严相济刑事政策的若干意见 ········ 120
　　（2010 年 2 月 8 日）
人民检察院刑事诉讼规则（节录） ·············· 130
　　（2019 年 12 月 30 日）
最高人民法院、最高人民检察院、公安部、司法部关于
　　对判处管制、宣告缓刑的犯罪分子适用禁止令有关问
　　题的规定（试行） ······················· 135
　　（2011 年 4 月 28 日）
最高人民法院、最高人民检察院、公安部、司法部关于
　　对因犯罪在大陆受审的台湾居民依法适用缓刑实行社
　　区矫正有关问题的意见 ···················· 138
　　（2016 年 7 月 26 日）

司法部办公厅关于规范社区矫正对象在被采取刑事强制
　　措施或者被提请撤销缓刑、撤销假释、收监执行期间
　　矫正期满社区矫正执法适用的通知 …………………… **141**
　　（2021年11月22日）
最高人民法院、最高人民检察院、公安部、国家安全部、
　　司法部、国家卫生健康委关于进一步规范暂予监外执
　　行工作的意见 ………………………………………… **142**
　　（2023年5月28日）
社区矫正术语（SF/T 0055—2019） ……………………… **149**
　　（2019年9月30日）
社区矫正电子定位腕带技术规范（SF/T 0056—2019） …… **163**
　　（2019年9月30日）

中华人民共和国社区矫正法

（2019年12月28日第十三届全国人民代表大会常务委员会第十五次会议通过 2019年12月28日中华人民共和国主席令第40号公布 自2020年7月1日起施行）

目　录

第一章　总　则
第二章　机构、人员和职责
第三章　决定和接收
第四章　监督管理
第五章　教育帮扶
第六章　解除和终止
第七章　未成年人社区矫正特别规定
第八章　法律责任
第九章　附　则

第一章　总　则

第一条　【立法宗旨】*　为了推进和规范社区矫正工作，保障刑事判决、刑事裁定和暂予监外执行决定的正确执行，提高教

---

* 条文主旨为编者所加，下同。

育矫正质量，促进社区矫正对象顺利融入社会，预防和减少犯罪，根据宪法，制定本法。

注解

本条规定了《社区矫正法》的立法目的和立法根据。

我国的社区矫正，是贯彻宽严相济刑事政策，推进国家治理体系和治理能力现代化的一项重要制度，是立足我国国情和长期刑事司法实践经验基础上，借鉴吸收其他国家有益做法，逐步发展起来的具有中国特色的非监禁的刑事执行制度。本条开宗明义，对社区矫正法的立法目的和立法根据作了明确规定。

（一）关于社区矫正法的立法目的

本条规定的《社区矫正法》的立法目的包括以下三个方面的内容：

1. 推进和规范社区矫正工作

我国社区矫正工作的法律依据存在较为分散、以规范性文件为主的情况，不适应社区矫正工作自开展试点以来快速发展的实际需要。特别是社区矫正是我国刑事执行制度的重要组成部分，如果能够有一部专门的法律，对社区矫正工作应当如何开展，具体执行层面的重要制度如何设计，包括社区矫正的工作体制和机构设置、目标和原则、经费保障、各有关机关和部门之间的工作衔接配合、依法矫正和保障社区矫正对象的合法权益、监督管理和教育帮扶等具体操作层面的内容，作出明确规定，将极大推进社区矫正工作依法进行，保证社区矫正工作的严肃性和规范性。

同时，从社区矫正工作多年的实践来看，各地探索出了很多好的做法，如普遍建立了党委政府统一领导、司法行政部门组织实施、相关部门协调配合、社会力量广泛参与的领导体制和工作机制；充分调动社会各方面，依靠基层组织和社会力量开展社区矫正工作；针对社区矫正对象的特点，采取分类管理、个别化矫正等。对这些经验做法进行提炼总结，进而上升为法律规定，将有利于社区矫正工作的良性发展。

此外，从各地工作实际看，社区矫正工作面临着工作人员、经费保障不足，各部门之间的工作衔接还不够顺畅等困难；也暴露出来一些问题，如有的地方对社区矫正制度的性质、价值定位的认识存在一定偏差；个别地方存在片面强调从严监管，不必要地限制社区矫正对象正常工作生活，激化矛盾甚至侵犯合法权益的情况；有的地方在问责问题上简单化处理，只要社区矫正对象有再犯罪情况，不论实际情况和因果关系，就追究社区矫正工作人员渎职责任等。针对上述情况，及时出台社区矫正法，有助于解决实际问题和困难，纠正工作偏差，推进和规范社区矫正工作。

2. 保障刑事判决、刑事裁定和暂予监外执行决定的正确执行

根据《刑法》《刑事诉讼法》的规定，社区矫正适用于被判处管制、宣告缓刑、假释和暂予监外执行的罪犯。对这四类社区矫正对象应当遵守哪些规定，《刑法》《刑事诉讼法》作了规定，相关的法律文件中也应作出具体的规定和要求。制定出台社区矫正法，对社区矫正的执行工作作出具体明确的规定，也是为了《刑法》《刑事诉讼法》的有关规定能落到实处，为了让人民法院管制、宣告缓刑的刑事判决，假释的刑事裁定，以及人民法院、监狱管理机关、公安机关暂予监外执行的决定能执行到位，保证社区矫正对象依法接受矫正，顺利融入社会。

3. 提高教育矫正质量，促进社区矫正对象顺利融入社会，预防和减少犯罪

社区矫正法的立法目的，很重要的一点就是提高社区矫正的质量，特别是教育矫正的质量，以促进社区矫正对象顺利融入社会，最终预防和减少犯罪。衡量社区矫正的质量，根本的还是要看社区矫正对象最终是否顺利融入社会，成为守法公民。因此，社区矫正工作中，监督管理是基础，教育帮扶是核心。社区矫正对象应当通过自我矫正、自主矫正以及外力的帮助，矫正犯罪心理和行为恶习，适应社会，以恢复正常的工作和生活，融入社会。本法规定的对社区矫正对象的教育帮扶措施以及一定的监督管理，最终目的均是促进社区矫正对象顺利融入社会，预防和减少犯罪。

（二）关于社区矫正法的立法根据

本条规定的"根据宪法，制定本法"主要有两个方面的意思：一是本法的制定根据来源于《宪法》；二是本法的规定不得同《宪法》相抵触。《宪法》是国家的根本法，是中国特色社会主义法律体系的统帅、核心和基础，是一切立法活动的根据。一切法律、行政法规和地方性法规都必须以《宪法》为依据，遵循《宪法》的基本原则，不得同《宪法》相抵触。

《宪法》第二十八条规定，国家改造犯罪分子。《宪法》第二章对公民的基本权利作了原则规定，包括人格尊严、住宅不受侵犯，通信自由和通信秘密受法律保护，有劳动、休息、受教育等方面的权利。根据《宪法》第三

十七条的规定，任何公民，非经人民检察院批准或者决定或者人民法院决定，并由公安机关执行，不受逮捕；禁止非法剥夺或者限制公民的人身自由。根据《宪法》第四十一条的规定，公民对于国家机关和国家工作人员，有提出批评和建议的权利；对于公民的申诉、控告或者检举，有关国家机关必须查清事实，负责处理。任何人不得压制和打击报复。这些规定都是制定《社区矫正法》的根据。

配套

《宪法》第 28 条、第 37 条、第 41 条；《刑法》第 38 条、第 39 条、第 72 条、第 75—77 条、第 81 条、第 84 条、第 85 条；《刑事诉讼法》第 268 条、第 269 条

第二条　【适用范围】对被判处管制、宣告缓刑、假释和暂予监外执行的罪犯，依法实行社区矫正。

对社区矫正对象的监督管理、教育帮扶等活动，适用本法。

注解

本条分为两款。第一款规定了适用社区矫正的范围，包括四类社区矫正对象，即被判处管制、宣告缓刑、假释和暂予监外执行的罪犯。对这四类人员进行社区矫正是由《刑法》《刑事诉讼法》明确规定的。《刑法》第三十八条规定，对被判处管制的犯罪分子，依法实行社区矫正；第七十六条规定，对宣告缓刑的犯罪分子，在缓刑考验期限内，依法实行社区矫正；第八十五条规定，对假释的犯罪分子，在假释考验期限内，依法实行社区矫正。《刑事诉讼法》第二百六十九条规定，对被判处管制、宣告缓刑、假释或者暂予监外执行的罪犯，依法实行社区矫正。对这四类罪犯之外的其他人员，不能进行社区矫正。

第二款是关于对社区矫正对象的监督管理、教育帮扶等活动，适用本法的规定。对社区矫正对象的监督管理主要是监督社区矫正对象遵守法律、行政法规，履行判决、裁定、暂予监外执行决定等法律文书确定的义务，履行司法行政部门关于报告、会客、外出、迁居、保外就医等监督管理规定，落实针对社区矫正对象的矫正方案，了解掌握社区矫正对象的活动情况和行为表现等。对社区矫正对象的教育帮扶主要是指社区矫正机构，教育、人力资

源社会保障等部门，有关人民团体，居民委员会、村民委员会，以及企业事业单位、社会组织、志愿者等社会力量对社区矫正对象开展的教育、心理辅导，职业技能培训、就业指导，社会关系改善等教育帮扶活动。开展这些社区矫正活动，都应当依照本法的规定进行。

配套

《刑法》第17条、第38条、第39条、第54条、第72条、第75—77条、第84—86条；《刑事诉讼法》第268条、第269条、第283条；《治安管理处罚法》第60条；《监狱法》第33条

第三条　【原则和目标】社区矫正工作坚持监督管理与教育帮扶相结合，专门机关与社会力量相结合，采取分类管理、个别化矫正，有针对性地消除社区矫正对象可能重新犯罪的因素，帮助其成为守法公民。

应用

1. 社区矫正工作的原则和目标是什么？

（1）监督管理与教育帮扶相结合

开展社区矫正工作，主要是根据现有法律的规定，对社区矫正对象进行必要和适度的监督管理，并有针对性地开展教育帮扶，这两项工作是社区矫正工作的核心内容。开展社区矫正工作要做到监督管理和教育帮扶相结合，两者都不可偏废。

需要注意的是，对社区矫正对象的监督管理措施应当适度，不宜过于严厉。社区矫正毕竟是在社会开放环境进行的，而不是在社会上"办监狱"，不可能也没有必要对社区矫正对象保持实时监控，只要能做到及时了解掌握社区矫正对象的活动情况和行为表现即可。矫正措施和方法应当避免对社区矫正对象的正常工作和生活造成不必要的影响。

（2）专门机关与社会力量相结合

社区矫正是刑事执行体系的一部分，公检法司和有关部门必须依法行使职权，保证国家刑事法律的正确执行，保障社区矫正工作的有序开展。同时，依靠广大人民教育矫正罪犯，帮扶失足青年，是"枫桥经验"的重要内容，社会各方面齐心协力也是我国社会治理方面的优良传统和做法，社区矫

正工作采取社会化的方式进行，更是应当充分调动社会各方面力量积极参与。在开展社区矫正工作时，不能靠单打独斗，应当做到专门机关与社会力量相结合。我国的社区矫正工作，在司法体制改革和社会治理创新的探索和实践中，也逐步形成了党委政府统一领导、司法行政部门组织实施、有关部门密切配合、社会力量广泛参与的工作格局。

一是专门机关应当依照各自职责，做好社区矫正工作。这里的专门机关主要是指司法行政部门，人民法院、人民检察院、公安机关和其他有关部门，具体的工作体制和机构设置如下：司法行政部门主管社区矫正工作；人民法院、人民检察院、公安机关和其他有关部门依照各自职责，依法开展社区矫正工作。地方人民政府根据需要分别设立社区矫正委员会和社区矫正机构，社区矫正委员会统筹协调和指导，社区矫正机构组织实施。

二是充分调动社会力量参与社区矫正。社会力量参与社区矫正是推进社区矫正工作的内在要求，社区矫正是以非监禁的方式，在社区监管教育犯罪人，其最大特点和优势就在于可以充分利用社会上的资源，对矫正对象进行教育矫正和社会适应性帮扶。本法对调动社会各方面力量参与社区矫正，作了很多规定，如国家鼓励、支持企业事业单位、社会组织、志愿者等社会力量参与社区矫正工作。居民委员会、村民委员会可以引导志愿者和社区群众，利用社区资源，通过多种形式，进行必要的教育帮扶。社区矫正机构可以通过公开择优购买社会服务、项目委托等方式，委托社会组织提供心理辅导、社会关系改善等专业化的帮扶；国家鼓励有经验和资源的社会组织跨地区开展帮扶交流和示范活动。共产主义青年团、妇女联合会、未成年人保护组织和其他有关社会组织协助做好社区矫正工作。

（3）采取分类管理、个别化矫正，有针对性地消除社区矫正对象可能重新犯罪的因素，帮助其成为守法公民

规定"分类管理、个别化矫正"的主要考虑，一是四类社区矫正对象的矫正措施和方法应当有所区别。首先，四类人员适用社区矫正的情形和依据不同，自身的情况也有差别。管制、缓刑是人民法院根据《刑法》规定的不同条件直接判处的，一般犯罪情节较轻。假释是罪犯在监狱执行刑罚一段时间后，人民法院裁定的，一般来说，被假释的罪犯自身罪行较管制、缓刑罪犯严重，但因为有在监狱或者看守所执行刑罚的经历，可能较为服从监督管理，同时，其在就业、融入社会方面可能会存在困难。而监外执行则是因严

重疾病保外就医、孕期、哺乳期等被决定或者批准在社会上执行刑罚，对其进行社区矫正，应当考虑其特殊的身体状况和生活状态。其次，《刑法》《刑事诉讼法》等法律对被判处管制、宣告缓刑、假释和暂予监外执行的四类社区矫正对象的义务分别作了明确规定，四类人员应当遵守的规定内容和违反规定的法律后果是有差异的，相应地，在社区矫正工作中，应当体现出差别。二是社区矫正对象存在个体差异，需要有针对性地开展个别化的监督管理、教育帮扶工作，形式可以多样化。

配套

《刑法》第 38 条、第 39 条、第 72 条、第 75—77 条、第 84—86 条；《刑事诉讼法》第 268 条、第 269 条、第 283 条

第四条　【依法矫正、尊重和保障人权】社区矫正对象应当依法接受社区矫正，服从监督管理。

社区矫正工作应当依法进行，尊重和保障人权。社区矫正对象依法享有的人身权利、财产权利和其他权利不受侵犯，在就业、就学和享受社会保障等方面不受歧视。

注解

本条共分为两款。

第一款是关于社区矫正对象应当依法接受社区矫正，服从监督管理的规定。社区矫正对象都是经人民法院判决有罪的罪犯，首先应当依法接受社区矫正，服从监督管理。实践中，部分社区矫正对象，对社区矫正的含义不能正确理解，以为没有被关押，就是没事了，不需要受到任何约束。对此，本法第十九条第二款也专门规定："社区矫正决定机关应当对社区矫正对象进行教育，告知其在社区矫正期间应当遵守的规定以及违反规定的法律后果，责令其按时报到。"这是为了把好入口关，让社区矫正对象在决定机关决定适用社区矫正的时候，就明白应当依法接受社区矫正，服从监督管理。

第二款是关于社区矫正工作应当依法进行，尊重和保障人权的规定。同时，还明确规定社区矫正对象依法享有的人身权利、财产权利和其他权利不受侵犯，在就业、就学和享受社会保障等方面不受歧视。

首先，社区矫正工作应当依法进行，尊重和保障人权。"社区矫正工作

应当依法进行"要求社区矫正有关部门和工作人员开展社区矫正工作,必须严格履行职责,按照《刑法》《刑事诉讼法》及本法的有关规定进行。本法对社区矫正的机构、人员和职责,决定和接收,监督管理、教育帮扶等具体工作作出了明确规定,有关部门和工作人员应当严格遵守。违反规定的,将依照本法第六十一条的有关规定,分别情况,追究其法律责任。

其次,社区矫正对象依法享有的人身权利、财产权利和其他权利不受侵犯,在就业、就学和享受社会保障等方面不受歧视。这是从被管理者社区矫正对象的角度对其合法权益不受侵犯作出的进一步规定。根据《刑法》《刑事诉讼法》和本法等法律的有关规定,社区矫正对象在矫正期间,其有的权利是依法受到一定限制的,如应当按照监督机关的规定报告自己的活动情况;遵守监督机关关于会客的规定;离开所居住的市、县或者迁居,应当报经监督机关批准;遵守禁止令的规定;管制犯未经执行机关批准,不得行使言论、出版、集会、结社、游行、示威自由的权利等。除这些被依法限制的权利外,社区矫正对象依法享有的人身权利、财产权利和其他权利不得受到侵犯。

配套

《宪法》第33条;《治安管理法处罚法》第5条;《刑事诉讼法》第2条;《就业促进法》第3条;《教育法》第9条;《义务教育法》第5条、第5条

第五条 【矫正工作信息化】国家支持社区矫正机构提高信息化水平,运用现代信息技术开展监督管理和教育帮扶。社区矫正工作相关部门之间依法进行信息共享。

注解

运用现代信息技术开展监督管理和教育帮扶,对于社区矫正工作人员来说,可以减少重复劳动,提高监管水平和工作效率,减轻基层工作人员的负担。对于社区矫正对象来说,可以尽量避免对其正常工作和生活造成不必要的影响。据统计,大部分社区矫正对象是正常就业就学的,如果过多地要求实地报到、到固定地点开展学习,必然会对其正常的工作和生活产生影响。如果能让信息多跑路,让人少跑路,多通过通信联络、信息化核查等方式了解掌握社区矫正对象的活动情况和行为表现,减轻社区矫正对象的不必

要的负担,有利于其恢复和保持正常工作与生活,更好地融入社会。本法第二十六条规定的通信联络、信息化核查,以及第二十九条规定的对违反有关规定的社区矫正对象使用电子定位装置,加强监督管理,也是本条规定的具体体现。

配套

《社区矫正法实施办法》第11条

第六条　【经费保障】各级人民政府应当将社区矫正经费列入本级政府预算。

居民委员会、村民委员会和其他社会组织依法协助社区矫正机构开展工作所需的经费应当按照规定列入社区矫正机构本级政府预算。

注解

本条共分为两款。第一款是关于社区矫正工作经费保障的规定。根据本款规定,各级人民政府应当将社区矫正经费列入本级政府预算,各级人民政府都应当保障社区矫正经费。《预算法》规定,政府的全部收入和支出都应当纳入预算。在法律上明确社区矫正经费应当列入本级政府预算,是为了便于财政部门执行。

第二款是关于居委会、村委会和其他社会组织参与社区矫正经费保障的规定。根据本款规定,居委会、村委会和其他社会组织依法协助社区矫正机构开展工作所需的经费应当按照规定列入社区矫正机构本级政府预算,由政府予以保障。

值得注意的是,这里作出的只是原则性规定,具体如何操作,还需司法行政部门会同财政部门作出更具体的规定予以明确。有关部门在制定具体实施办法时,应当以保障社区矫正工作的顺利开展为目标,以社区矫正工作的实际需要为依据,同时也要注意厉行节俭,杜绝铺张浪费。

配套

《预算法》第4条;《监狱法》第8条;《城市居民委员会组织法》第17条;《村民委员会组织法》第37条

第七条 【表彰和奖励】对在社区矫正工作中做出突出贡献的组织、个人，按照国家有关规定给予表彰、奖励。

注解

根据本条规定，对在社区矫正工作中做出突出贡献的组织、个人，应当按照国家有关规定给予表彰、奖励。

"在社区矫正工作中做出突出贡献的组织、个人"，既包括负有社区矫正工作职责的单位和个人，如社区矫正工作机构及其工作人员，受社区矫正工作机构委托承担相关工作的司法所及其工作人员；也包括协助社区矫正机构开展工作的人民团体、居民委员会、村民委员会、企业事业单位和其他社会组织，以及社会工作者、社会志愿者等。只要做出了突出贡献，都可以按照国家规定给予表彰、奖励。

这里的"表彰、奖励"主要是由司法行政机关作出。表彰和奖励具体包括精神奖励，也包括物质奖励。形式上可以通过新闻媒体进行表彰宣传，或者召开表彰大会、颁发荣誉证书、授予荣誉称号等多种方式进行。如果拟表彰和奖励的组织、个人是公务员集体或者公务员的，还应当遵守《公务员法》第八章有关奖励的规定，坚持定期奖励与及时奖励相结合，精神奖励与物质奖励相结合、以精神奖励为主的原则。

配套

《公务员法》第八章

第二章 机构、人员和职责

第八条 【社区矫正工作体制和分工】国务院司法行政部门主管全国的社区矫正工作。县级以上地方人民政府司法行政部门主管本行政区域内的社区矫正工作。

人民法院、人民检察院、公安机关和其他有关部门依照各自职责，依法做好社区矫正工作。人民检察院依法对社区矫正工作实行法律监督。

地方人民政府根据需要设立社区矫正委员会，负责统筹协调和指导本行政区域内的社区矫正工作。

> **注解**

本条共分为三款。

第一款是关于司法行政部门主管社区矫正工作的规定。本款规定包含两个方面的内容：第一，国务院司法行政部门主管全国的社区矫正工作。这里所说的"国务院司法行政部门"是指司法部，根据司法部的机构设置，内设社区矫正管理局，具体负责指导管理全国的社区矫正工作。司法部作为全国社区矫正工作的主管部门，负有对全国范围内开展社区矫正工作的主管职责，包括制定社区矫正工作的方针、政策和规范性文件；拟定社区矫正工作发展规划、管理制度；制定社区矫正对象需要遵守的有关报告、会客、外出、迁居、保外就医等监督管理规定；出台相关政策鼓励、支持社会力量参与社区矫正工作；推进高素质的社区矫正工作队伍建设；支持社区矫正机构提高信息化水平；监督检查社区矫正法律法规和政策的执行情况；指导各地方司法行政部门依法开展社区矫正工作等。第二，县级以上地方人民政府司法行政部门主管本行政区域内的社区矫正工作。这里所说的"县级以上地方人民政府司法行政部门"，主要是指省、市、县三级地方人民政府的司法厅、司法局等部门。

第二款是关于法院、检察院、公安机关和其他有关部门职责的规定。社区矫正是一项综合性很强的工作，且涉及面较广，单靠一个主管部门难以实现社区矫正的目标和任务，需要多个职能部门共同发挥作用。因此，本款规定，人民法院、人民检察院、公安机关和其他有关部门依照各自职责，依法做好社区矫正工作；人民检察院依法对社区矫正工作实行法律监督。

第三款是关于社区矫正委员会的设立及其职责的规定。根据本款规定，地方人民政府根据需要设立社区矫正委员会，负责统筹协调和指导本行政区域内的社区矫正工作。本款规定包含以下两个方面的内容：第一，地方人民政府根据需要设立社区矫正委员会。社区矫正是一个系统工程，需要在各级党委政府的统一领导下开展工作，需要法院、检察院、公安和司法行政机关通力协作配合，需要财政、教育、卫生、民政、人力资源和社会保障等相关部门的积极支持，需要社会力量的广泛参与。为了能够协调各方面的力量共同做好社区矫正工作,本款规定,地方人民政府根据需要设立社区矫正委员会。这里所说的"地方人民政府"是指地方各级人民政府,包括省、市、县、乡镇四级人民政府。这里的"社区矫正委员会"是指由地方人民政府设立的社区矫正工作议事协调机构,负责统筹协调和指导本行政区域内的社区矫正工作。"根据需要设立社区矫正委员会",是指地方各级人民政府可以根据本地区社区矫正工作的实际需要,设立社区矫正委员会。第二,社区矫正委员会负责统筹协调和指导本行政区域内的社区矫正工作。这里所说的"统筹协调和指导"包括加强对社区矫正工作的领导、督促、检查和指导;协调、研究解决社区矫正工作中的困难和问题等。由于社区矫正委员会一般由地方人民政府或有关负责人以及各有关方面的人员参加,能够有效地解决各地实际工作中存在的问题,增强相关部门参与社区矫正工作的积极性和执行力度,对于促进社区矫正工作社会化、规范化具有重要意义。

配 套

《社区矫正法实施办法》第3—9条

第九条 【社区矫正机构】 县级以上地方人民政府根据需要设置社区矫正机构,负责社区矫正工作的具体实施。社区矫正机构的设置和撤销,由县级以上地方人民政府司法行政部门提出意见,按照规定的权限和程序审批。

司法所根据社区矫正机构的委托,承担社区矫正相关工作。

配 套

《刑事诉讼法》第269条;《社区矫正法实施办法》第10条

第十条 【社区矫正机构工作人员的职责】 社区矫正机构应当配备具有法律等专业知识的专门国家工作人员(以下称社区矫正机构工作人员),履行监督管理、教育帮扶等执法职责。

第十一条 【社区矫正社会工作者】 社区矫正机构根据需要,组织具有法律、教育、心理、社会工作等专业知识或者实践经验的社会工作者开展社区矫正相关工作。

> 注解

根据本条规定，社区矫正机构根据需要，组织具有法律、教育、心理、社会工作等专业知识或者实践经验的社会工作者开展社区矫正相关工作。

这一规定包含以下两层意思：第一，社会工作者应当具有法律、教育、心理、社会工作等专业知识或者实践经验。这里所说的"社会工作者"，是指社区矫正机构通过招聘、公开购买服务或者项目委托等方式，招募的开展社区矫正社会工作服务的人员。社会工作者是社区矫正工作的一支重要力量，一方面在一定程度上解决了司法行政机关人员力量不足的问题；另一方面社会工作者以平等身份与被矫正对象沟通交流，更容易获得其信任，能够很好地发挥其在教育、心理等方面的专业技能，从而更好地帮扶矫正对象，有着政府工作人员不可替代的优势。因此，建设一支数量足、结构优、能力强、素质高的社会工作者队伍，对社区矫正工作尤为重要。为提高社会工作者的专业化水平，本条规定，社会工作者应当具有法律、教育、心理、社会工作等专业知识或者实践经验。这里所说的"具有法律、教育、心理、社会工作等专业知识"，是指从事社区矫正工作的社会工作者，应当具有法律、教育、心理、社会工作等专业知识，但并不一定要求必须是法学、教育学、心理学、社会工作等学科毕业的学生，只要具有一定的专业知识即可；"实践经验"，是指从事法律、教育、心理、社会工作等方面的工作，具有一定的社会实践经验。

第二，社区矫正机构根据需要，组织社会工作者开展社区矫正相关工作。根据本法第九条规定，社区矫正机构负责社区矫正工作的具体实施。社区矫正机构可以根据自身工作的需要，组织社会工作者参与社区矫正相关工作。这里所说的"开展社区矫正相关工作"包括监督管理、教育帮扶等工作。实践中，社区矫正机构一般通过公开招聘、政府购买服务或者项目委托等方式，组织社会工作者参与社区矫正工作。有的地方社会工作者既参与对矫正对象的监督管理，如调查评估、接收登记、档案管理、通信联系、信息化核查、实地查访等工作，也参与对矫正对象的教育帮扶，如法治道德教育，协调有关部门开展心理辅导、就业培训，协助申请社会救助、社会保险、法律援助等工作；有的地方社会工作者只参与教育帮扶工作，不参与监督管理工作。

> 配套

《司法部、中央综治办、教育部、民政部、财政部、人力资源社会保障部关于组织社会力量参与社区矫正工作的意见》

第十二条 【基层组织、有关单位和个人的协助】居民委员会、村民委员会依法协助社区矫正机构做好社区矫正工作。

社区矫正对象的监护人、家庭成员，所在单位或者就读学校应当协助社区矫正机构做好社区矫正工作。

> 注解

本条共分为两款。第一款是关于基层群众性自治组织协助做好社区矫正工作的规定。根据本款规定，居民委员会、村民委员会依法协助社区矫正机构做好社区矫正工作。根据《城市居民委员会组织法》第二条规定，"居民委员会"是居民自我管理、自我教育、自我服务的基层群众性自治组织，居民委员会协助不设区的市、市辖区的人民政府或者它的派出机关开展工作。根据《村民委员会组织法》第二条、第五条规定，"村民委员会"是村民自我管理、自我教育、自我服务的基层群众性自治组织，实行民主选举、民主决策、民主管理、民主监督，村民委员会协助乡、民族乡、镇的人民政府开展工作。2014年司法部、中央综治办、教育部、民政部、财政部、人力资源和社会保障部出台的《关于组织社会力量参与社区矫正工作的意见》提出，发挥基层群众性自治组织的作用，村（居）民委员会是协助开展社区矫正工作的重要力量；村（居）民委员会应发挥其贴近社区矫正对象日常工作、生活的优势，及时掌握社区矫正对象的思想动向和行为表现，积极协助社区矫正机构做好社区矫正对象的困难帮扶、社区服务等工作，及时向社区矫正机构反映社区矫正对象情况，发动引导社会组织、志愿者和居民群众广泛参与社区矫正工作，扩大交往融合，促进社区矫正对象融入社区、回归社会。

第二款是关于社区矫正对象的监护人、家庭成员及所在单位、就读学校协助做好社区矫正工作的规定。根据本款规定，社区矫正对象的监护人、家庭成员，所在单位或者就读学校应当协助社区矫正机构做好社区矫正工作。这里所说的"监护"，是指对未成年社区矫正对象的人身、财产及其他一切合法权益具有监督和保护的责任。承担这种监护任务的人叫监护人。监护人一般由公民担任,在特殊情况下也可由有关的组织担任。根据《民法典》第二十七条规定,父母是未成年子女的监护人;未成年人的父母已经死亡或者没有监护能力的,由下列有监护能力的人按顺序担任监护人:(1)祖父母、外祖父母;(2)兄、姐;(3)其他愿意担任监护人的个人或者组织,但是须经未成年人住所地的居民委员会、村民委员会或者民政部门同意。父母或者其他监护人担负着维护未成年人的人身健康和安全,保护他们的责任,排除来自各方面对未成年人的身心的侵害。同时父母或者其他监护人还负有对未成年人进行培养和教育的职责,被判处管制、宣告缓刑、假释和暂予监外执行的未成年社区矫正对象,其父母或者其他监护人有义务配合社区矫正机构做好监督管理和教育帮扶工作,使其成为守法公民。这里所说的"家庭成员",是指在同一家庭中共同生活的成员,如夫妻、父母、子女、兄弟、姐妹等。家庭是社会的细胞,平等、友爱、和睦的家庭关系是构建和谐社会的基础,家庭成员之间尊老爱幼、相互扶助是中华民族的传统美德,社区矫正对象被判刑后,更加需要家庭的关心和爱抚。与其共同生活的家庭成员,有义务也有责任协助社区矫正机构帮助其消除可能再犯罪的因素,成为守法公民。这里所说的"所在单位或者就读学校"主要是指社区矫正对象在工作的单位或者就读的学校。为了促进社区矫正对象能够顺利融入社会,社区矫正对象的工作单位和就读学校有责任和义务协助社区矫正机构做好监督管理和教育帮扶工作。本法对社区矫正对象的监护人、家庭成员,所在单位或者就读学校的人员的职责和要求作了一些规定,如第二十五条规定,为社区矫正对象确定的矫正小组,可以由监护人、家庭成员,所在单位或者就读学校的人员等组成;第三十九条规定,社区矫正对象的监护人、家庭成员,所在单位或者就读学校应当协助社区矫正机构做好对社区矫正对象的教育;第五十一条规定,社区矫正对象在社区矫正期间死亡的,其监护人、家庭成员应当及时向社区矫正机构报告;第五十三条规定,未成年社区矫正对象的监护人应当履行监护责任,承担抚养、管教等义务;第五十五条规定,未成年社区矫正对象的监护人应当依法保证其按时入学接受并完成义务教育。

配套

《民法典》第27条;《城市居民委员会组织法》第2条;《村民委员会组织法》第2条、第5条

第十三条 【社会力量参与社区矫正工作】国家鼓励、支持企业事业单位、社会组织、志愿者等社会力量依法参与社区矫正工作。

> 注解

本法从几个方面对充分调动社会各方面力量积极参与社区矫正工作作了规定。一是明确规定国家鼓励、支持社会力量依法参与社区矫正工作。根据这一规定,国家应当积极出台相关政策和规范性文件,鼓励、支持企业事业单位、社会组织、志愿者等社会力量依法参与社区矫正工作。二是规定社会组织可以参与调查评估,本法第十八条规定,社区矫正决定机关可以委托社会组织对被告人或者罪犯的社会危险性和对所居住社会的影响进行调查评估。三是明确志愿者可以参加矫正小组,本法第二十五条规定,为社区矫正对象确定的矫正小组可以有志愿者参加,矫正小组负责落实相应的矫正方案。四是明确社会组织可以提供教育帮扶活动,本法第三十五条规定,有关人民团体应当协助做好教育帮扶工作;第四十条规定,社区矫正机构可以通过公开择优购买社会服务、项目委托等方式,委托社会组织提供教育、心理辅导、职业技能培训、社会关系改善等专业化的帮扶;国家鼓励有经验和资源的社会组织跨地区开展帮扶交流和示范活动;第四十一条规定,国家鼓励企业事业单位、社会组织为社区矫正对象提供就业岗位和职业技能培训;招用符合条件的社区矫正对象的企业,按照规定享受国家优惠政策。五是规定对未成年社区矫正对象提供必要的帮扶,本法第五十六条规定,共产主义青年团、妇女联合会、未成年人保护组织应当协助做好未成年人社区矫正工作;国家鼓励其他未成年人相关社会组织参与未成年人社区矫正工作,依法给予政策支持。六是为社会组织参与社区矫正工作提供财政保障。本法第六条规定,社会组织依法协助社区矫正机构开展工作所需的经费应当按照规定列入社区矫正机构本级政府预算。

第十四条 【社区矫正机构工作人员的职业准则】社区矫正机构工作人员应当严格遵守宪法和法律,忠于职守,严守纪律,清正廉洁。

注 解

"忠于职守"，主要是要求社区矫正机构工作人员要忠诚地对待自己的职业、岗位，遵守职业要求。从本法规定具体内容看，社区矫正机构工作人员做到"忠于职守"，主要需做好以下几个方面：一是要学习、理解《社区矫正法》的立法主旨、工作原则和工作目标，树立监督管理与教育帮扶并重的理念，切实以有针对性地消除社区矫正对象可能重新犯罪的因素、帮助其成为守法公民为工作目标。二是提高自身业务能力和业务素质，不断学习并掌握社区矫正工作所要求的职业技能。三是在具体的矫正工作中，贯彻分类管理、个别化矫正原则，依法做好接收社区矫正对象、监督管理、教育帮扶等工作。

"严守纪律"，主要是指社区矫正机构工作人员要对履行职责中知悉的国家秘密和个人隐私予以保密。社区矫正机构工作人员在工作中会遇到涉及国家秘密的案件。严格保守国家秘密是每一名社区矫正机构工作人员必须履行的义务。社区矫正机构工作人员还应当保守工作秘密，对于矫正工作中形成的按照有关规定应当保密的材料、信息等，不得泄露。社区矫正机构工作人员在工作中知悉的当事人的商业秘密和个人隐私，也应当严格按照相关法律规定予以保密，不得随意散播。对于违法泄露国家秘密、工作秘密、商业秘密和个人隐私的，应当按照《保守国家秘密法》、本法及其他相关法律等规定处理，构成犯罪的，应当依法追究刑事责任。明确社区矫正机构工作人员应当严守纪律，有利于规范社区矫正工作，保障社区矫正工作依法进行，同时也有利于依法维护社区矫正对象的合法权益。

"清正廉洁"，有以下三层意思。其一，清正廉洁是社区矫正工作的基本要求。社区矫正机构工作人员承担着促进社区矫正对象顺利融入社会，预防和减少犯罪等重要工作，与人民群众的切身利益有着密切联系。如果社区矫正机构工作人员品行不端，不仅有损自身形象，也会严重削弱社区矫正机构的权威性和公信力。因此，从事社区矫正工作需要清正廉洁，要做到品行正派、廉洁奉公、不以权谋私、不徇私枉法、严格自律，认真践行社会主义核心价值观，保障社区矫正工作顺利进行。其二，清正廉洁是高素质社区矫正机构工作队伍的内在要求。本法第十六条规定，国家推进高素质的社区矫正工作队伍建设，社区矫正机构应当加强对社区矫正工作人员的管理、监督、培训和职业保障，不断提高社区矫正工作的规范化、专业化水平。社区矫正职业的特殊性和职责的重要性，决定了社区矫正机构工作人员必须清正廉洁。其三，清正廉洁是规范化、专业化社区矫正工作的重要保障。只有清正廉洁才能取得矫正工作的主动权，提升矫正工作的公信力，更加准确地适用法律，更好地维护公平正义，实现社会效果和法律效果的有机统一。

配 套

《公务员法》第14条

第十五条 【依法履职受法律保护】社区矫正机构工作人员和其他参与社区矫正工作的人员依法开展社区矫正工作，受法律保护。

注 解

本条规定具体包括以下几个方面的含义：一是明确社区矫正工作人员有依法参与社区矫正工作的权利。社区矫正机构工作人员履行监督管理、教育帮扶社区矫正对象等职责。本法第十条规定，社区矫正机构应当配备具有法律等专业知识的专门国家工作人员，履行监督管理、教育帮扶等执法职责；第四条第一款规定，社区矫正对象应当依法接受社区矫正，服从监督管理；第二十三条规定，社区矫正对象在社区矫正期间应当遵守法律、行政法规，履行判决、裁定、暂予监外执行决定等法律文书确定的义务，遵守国务院司法行政部门关于报告、会客、外出、迁居、保外就医等监督管理规定，服从社区矫正机构的管理。社区矫正机构工作人员履行监督管理、教育帮扶等职责是法律明确授权的。

同时，鉴于矫正工作具有的综合性、复杂性和多样性特征，仅由社区矫正机构工作人员履行职责，难以实现社区矫正工作目标，还需要充分发挥社会力量的作用，因此其他参与社区矫正工作的人员依法开展社区矫正工作，也应受到法律保护。这里的"其他参与社区矫正工作的人员"，主要是指社区矫正机构工作人员以外的其他参与社区矫正工作的社会力量，具体包括社会工作者、居民委员会、村民委员会、企业事业单位、社会组织、志愿者等社会力量中参与社区矫正工作的人员。对于社会力量依法参与社区矫正工作，本法第十一条规定，社区矫正机构根据需要，组织具有法律、教育、心理、社会工作等专业知识或者实践经验的社会工作者开展社区矫正相关工作；第十二条规定，居民委员会、村民委员会依法协助社区矫正机构做好社区矫正工作，社区矫正对象的监护人、家庭成员，所在单位或者就读学校应当协助社区矫正机构做好社区矫正工作；第十三条规定，国家鼓励、支持企业事业单位、社会组织、志愿者等社会力量依法参与社区矫正工作。社会工作者、居民委员会、村民委员会、企业事业单位、社会组织、志愿者等社会力量依法参与社区矫正工作，受法律保护。

二是要依法为社区矫正机构工作人员和其他参与社区矫正工作的人员开展矫正工作提供必要条件和保障。首先要在实体上保障社区矫正机构工作人员顺利履职，本法第十六条规定，社区矫正机构应当加强对社区矫正工作人员的管理、监督、培训和职业保障。其次还要在程序上保障社区矫正机构工作人员顺利履职。本法具体规定了社区矫正决定、接收、监督管理、教育帮扶以及解除、终止的相应程序，为社区矫正机构工作人员和其他参与社区矫正工作的人员开展矫正工作提供了规范和指引。

三是保障社区矫正机构工作人员依法履行好职责，要依法为其提供不断提升职业能力的机会和条件，如必要的工作条件、培训机会、福利待遇等，并随着经济的发展，不断改善社区矫正机构工作人员依法履职的必备条件，为社区矫正机构工作人员顺利开展工作提供良好的保障。本法第十六条规定，国家推进高素质的社区矫正工作队伍建设，社区矫正机构应当加强对社区矫正工作人员的管理、监督、培训和职业保障，不断提高社区矫正工作的规范化、专业化水平。

四是社区矫正工作人员合法权益受到侵害的，要有有效的救济手段。社区矫正工作人员依法履行的职权，依法开展的矫正工作内容，以及依法开展矫正工作时的人身、财产安全都受法律保护，任何单位和个人不得阻挠、干涉社区矫正工作人员依法开展矫正工作，不得对社区矫正工作人员实施打击报复，不得侵犯其人身、财产安全。对此，本法第六十条规定，社区矫正对象殴打、威胁、侮辱、骚扰、报复社区矫正机构工作人员和其他依法参与社区矫正工作的人员及其近亲属，构成犯罪的，依法追究刑事责任；尚不构成犯罪的，由公安机关依法给予治安管理处罚。实践中，对于侵犯社区矫正工作人员权利的，应当依法予以严惩。

配套

《社区矫正法实施办法》第 56 条

第十六条　【社区矫正工作队伍建设】 国家推进高素质的社区矫正工作队伍建设。社区矫正机构应当加强对社区矫正工作人员的管理、监督、培训和职业保障，不断提高社区矫正工作的规范化、专业化水平。

应用

2. 国家为什么要推进高素质的社区矫正工作队伍建设？

社区矫正工作队伍是社区矫正工作法治化、制度化的重中之重，推进高素质社区矫正工作队伍建设是实现提高社区矫正质量，促进社区矫正对象顺利融入社会、预防和减少犯罪目标的人才保障，也是推进依法治国的必然要求。社区矫正试点中，社区矫正工作队伍存在人员定位不清、数量不足、流失严重、专业化水平不高等问题，迫切需要加强队伍建设。

3. 如何才能推进建设高素质的社区矫正工作队伍？

社区矫正机构应当加强对社区矫正工作人员的管理、监督、培训和职业保障，不断提高社区矫正工作的规范化、专业化水平。具体而言，可以从以下三个方面推进社区矫正工作队伍建设：

（1）强化"管理"和"监督"。为了保证矫正工作的正确开展，必须加强对社区矫正工作人员的管理和监督，并且要将这种管理和监督制度化、法律化，在此意义上可以说本法也是社区矫正工作人员的管理法、监督法。对社区矫正工作人员的管理、监督必须反映其本身的工作性质和特点，实行科学管理。从社区矫正试点工作实践看，个别地方也出现了一些问题，矫正工作也面临人情、关系、金钱等带来的考验和风险，影响矫正工作的公正性和权威性，因此加强对社区矫正工作人员的管理、监督很有必要。本法第六十一条规定了社区矫正工作人员违纪违法行为，第六十二条规定了人民检察院对社区矫正工作的监督，这些都是对社区矫正工作人员监督的具体要求。

（2）做好"培训和职业保障"。制定本法的目的之一，就是保障社区矫正工作人员有条件依法履行职责。首先要做好培训工作，不断提高社区矫正工作人员的职业素养、职业技能。"用才之基在储才，储才之要在育才"，社区矫正是一项专业要求很高的工作，社区矫正工作人员如果不具备专业的矫正知识，就难以实现矫正工作目标。做好培训工作，不断提高社区矫正工作人员的矫正工作能力，让社区矫正工作人员的知识结构不断适应新形势下社区矫正工作需要，是做好社区矫正工作的必备前提。"职业保障"也是做好社区矫正工作的前提和基础，首先要在实体上保障社区矫正工作人员顺利履职，保障其报酬、福利待遇，必要的办公条件等。其次还要在程序上为矫正工作提供必要的规范和指引，划清权责界限，避免被不当追责。

（3）"不断提高社区矫正的规范化、专业化水平"是国家推进高素质的社区矫正工作队伍建设，社区矫正机构加强对社区矫正工作人员的管理、监督、培训和职业保障的目标，是工作队伍建设的出发点和落脚点。这里的"规范化"是指在充分总结实践经验的基础上，通过制定、发布、实施统一的标准性要求来规范矫正工作，使矫正工作的全部流程更加科学、合理，实现法律规定的矫正工作目标。"专业化"要求提升社区矫正工作人员的矫正工作能力，发挥其专业特长。矫正工作重在分类管理、个别化矫正，准确判断致罪原因、发现矫正对象回归社会面临的现实困难以及有针对性地采取教育帮扶措施，都离不开专业素养和必要的知识储备。

配套

《中共中央关于全面推进依法治国若干重大问题的决定》

第三章　决定和接收

第十七条　【社区矫正执行地的确定】社区矫正决定机关判处管制、宣告缓刑、裁定假释、决定或者批准暂予监外执行时应当确定社区矫正执行地。

社区矫正执行地为社区矫正对象的居住地。社区矫正对象在多个地方居住的，可以确定经常居住地为执行地。

社区矫正对象的居住地、经常居住地无法确定或者不适宜执行社区矫正的，社区矫正决定机关应当根据有利于社区矫正对象接受矫正、更好地融入社会的原则，确定执行地。

本法所称社区矫正决定机关，是指依法判处管制、宣告缓刑、裁定假释、决定暂予监外执行的人民法院和依法批准暂予监外执行的监狱管理机关、公安机关。

配套

《社区矫正法实施办法》第 12 条

第十八条 【决定前的调查评估】社区矫正决定机关根据需要，可以委托社区矫正机构或者有关社会组织对被告人或者罪犯的社会危险性和对所居住社区的影响，进行调查评估，提出意见，供决定社区矫正时参考。居民委员会、村民委员会等组织应当提供必要的协助。

注解

社区矫正决定机关根据需要，可以委托调查评估。这里的"根据需要"，是指社区矫正决定机关办理案件，决定是否适用社区矫正的需要。具体案件情况和被告人、罪犯的情况各不相同，对于有的被告人、罪犯，社区矫正决定机关通过审判、执行等环节可以对其社会危险性和对所居住社区的影响作出较为明确的判断，可以直接作出是否适用社区矫正的决定；对于有的被告人、罪犯的社会危险性和对所居住社区的影响，可能不容易判断或者无法准确判断，此时，根据本条的规定，社区矫正决定机关根据需要，委托开展调查评估，提出意见。换言之，调查评估委托与否取决于社区矫正决定机关作出准确判断的需要，需要的可以委托调查评估，对于认为不需委托调查评估，根据案件相关情况可以自行作出判断的，可以不委托。当然，根据裁判者负责的原则，社区矫正决定机关应当为其判断负责。

可以委托社区矫正机构或者有关社会组织开展调查评估。这里的"有关社会组织"主要指从事与社区矫正相关工作的社工组织、未成年人保护组织等。

居民委员会、村民委员会等组织应当提供必要的协助。居民委员会、村民委员会熟悉社区情况，也了解、掌握拟适用社区矫正人员各方面的情况，调查评估工作离不开居民委员会、村民委员会等组织的协助、支持和配合，本法第十二条第一款规定"居民委员会、村民委员会依法协助社区矫正机构做好社区矫正工作"。协助社区矫正机构或者有关社会组织开展调查评估也是居民委员会、村民委员会协助做好社区矫正工作的内容之一。

应用

4. 调查评估的内容是什么？

调查评估的内容是对被告人或者罪犯的社会危险性和对所居住社区的影响进行调查、分析，提出评估意见，供决定社区矫正时参考。这里的"社会危险性"，主要是指是否可能实施新的犯罪，是否有危害国家安全、公共安全或者社会秩序的现实危险，是否可能自杀或者逃跑等情况，判断被告人、罪犯是否有社会危险性要根据各方面情况综合考虑。"对所居住社区的影响"是指对被告人、罪犯适用社区矫正是否对其所居住社区的安全、秩序和稳定带来重大、现实的不良影响。《刑法》第七十二条规定，宣告缓刑要求犯罪人符合"对所居住社区没有重大不良影响"的条件，第八十一条规定对犯罪分子决定假释时应当考虑其假释后对所居住社区的影响。本条的规定与《刑法》的有关规定相衔接。

5. 调查评估的目的是什么？

调查评估的目的是为社区矫正决定机关是否适用社区矫正提供参考，因此接受委托的社区矫正机构、社会组织应当深入社区以及社区矫正对象的生活网络，准确取得一手资料。具体而言，接受委托的社区矫正机构、社会组织应当根据社区矫正决定机关的要求，对被告人或者罪犯的家庭和社会关系、一贯表现、犯罪行为的影响、悔罪态度等进行调查了解，可以听取村（居）民委员会和被害人意见，准确判断被告人或者罪犯的社会危险性和对所居住社区的影响。经过调查评估，被委托机构应当提出调查评估意见，及时提交给社会矫正决定机关，供决定社区矫正时参考。具体到调查评估意见的内容，接受委托的社区矫正机构、社会组织可以根据调查评估情况，提出是否适合社区矫正的结论性意见，也可以仅客观反映调查评估中获取的材料，不提出结论性意见。

6. 调查评估是不是决定社区矫正的必经环节？

调查评估并非是决定社区矫正的必经环节，是否需要调查评估应当从案件的具体情况出发。如果社区矫正决定机关对被告人、罪犯的社会危险性和对所居住社区的影响有较为明确的判断,可以直接作出是否适用社区矫正的决定,而没有必要再委托开展调查评估,如对于过失犯罪、破坏社会主义市场经济秩序犯罪等。对于部分案件,社区矫正决定机关不容易判断或者无法准确判断被告人、罪犯的社会危险性和对所居住社区影响的,可以根据需要委托社区矫正机构或者有关社会组织进行调查评估。调查评估是一种措施、方法,其目的是提高社区矫正适用的准确性、提高社区矫正质量,措施、方法要服务于目的,同时还要考虑节约有限的司法资源,提高司法效率。

配套

《刑法》第72条、第81条;《社区矫正法实施办法》第13条、第14条

第十九条 【依法决定社区矫正】社区矫正决定机关判处管制、宣告缓刑、裁定假释、决定或者批准暂予监外执行,应当按照刑法、刑事诉讼法等法律规定的条件和程序进行。

社区矫正决定机关应当对社区矫正对象进行教育,告知其在社区矫正期间应当遵守的规定以及违反规定的法律后果,责令其按时报到。

注解

《刑法》《刑事诉讼法》等法律对判处管制、宣告缓刑、裁定假释、决定或者批准暂予监外执行的条件、程序作了明确规定。《刑法》第七十二条第一款对宣告缓刑的条件作了规定:"对于被判处拘役、三年以下有期徒刑的犯罪分子,同时符合下列条件的,可以宣告缓刑,对其中不满十八周岁的人、怀孕的妇女和已满七十五周岁的人,应当宣告缓刑:(一)犯罪情节较轻;(二)有悔罪表现;(三)没有再犯罪的危险;(四)宣告缓刑对所居住社区没有重大不良影响。"第八十一条规定了假释的条件:"被判处有期徒刑的犯罪分子,执行原判刑期二分之一以上,被判处无期徒刑的犯罪分子,实际执行十三年以上,如果认真遵守监规,接受教育改造,确有悔改表现,没有再犯罪的危险的,可以假释。如果有特殊情况,经最高人民法院核准,可以不受上述执行刑期的限制。对累犯以及因故意杀人、强奸、抢劫、绑架、放火、爆炸、投放危险物质或者有组织的暴力性犯罪被判处十年以上有期徒

刑、无期徒刑的犯罪分子,不得假释。对犯罪分子决定假释时,应当考虑其假释后对所居住社区的影响。"第八十二条规定:"对于犯罪分子的假释,依照本法第七十九条规定的程序进行。非经法定程序不得假释。"

此外,《刑事诉讼法》对暂予监外执行的条件、程序等作了规定,《刑事诉讼法》第二百六十五条规定:"对被判处有期徒刑或者拘役的罪犯,有下列情形之一的,可以暂予监外执行:(一)有严重疾病需要保外就医的;(二)怀孕或者正在哺乳自己婴儿的妇女;(三)生活不能自理,适用暂予监外执行不致危害社会的。对被判处无期徒刑的罪犯,有前款第二项规定情形的,可以暂予监外执行。对适用保外就医可能有社会危险性的罪犯,或者自伤自残的罪犯,不得保外就医。对罪犯确有严重疾病,必须保外就医的,由省级人民政府指定的医院诊断并开具证明文件。在交付执行前,暂予监外执行由交付执行的人民法院决定;在交付执行后,暂予监外执行由监狱或者看守所提出书面意见,报省级以上监狱管理机关或者设区的市一级以上公安机关批准。"第二百六十六条、第二百六十七条规定了暂予监外执行的批准程序。《监狱法》第二十五条、第二十六条也对暂予监外执行的条件和程序作了相应规定。

社区矫正决定机关应当根据上述法律规定的条件和程序判处管制、宣告缓刑、裁定假释、决定或者批准暂予监外执行,不得违反法律规定,对不符合条件的罪犯适用社区矫正。

应 用

7. 社区矫正决定机关的职责有哪几个方面?

第一,应当对社区矫正对象进行教育,这里的教育既包括人民法院的法庭教育,也包括假释和暂予监外执行时对罪犯开展的教育,教育的目的和作用是督促社区矫正对象认识自己的错误,认识到自己的犯罪给被害人、社会造成危害,真诚悔罪,帮助社区矫正对象查找犯罪的原因和改正措施,教育其今后遵纪守法,不得再有违法犯罪行为。

第二,采用适当方式明确告知社区矫正对象在社区矫正期间应当遵守的规定以及违反规定的法律后果。《刑法》《刑事诉讼法》《监狱法》和本法等法律,规定了被判处管制、宣告缓刑、裁定假释、决定或者批准暂予监外执行的四类社区矫正对象分别需要遵守的规定。但是,实践中曾出现个别社区矫正决定机关没有告知社区矫正对象应当遵守的规定和按时到执行地报到的义务，社区矫正对象也认为自己没有被判处监禁刑罚或者没有在监狱执行刑罚，以为自己"完全自由了"，没有及时向社区矫正机构报到、没有遵守法律的相关规定，导致违规行为的出现。为了提高社区矫正质量，避免不必要的违规行为发生，本法明确规定了社区矫正决定机关的告知、提示义务。

第三，责令社区矫正对象按时报到。社区矫正试点中，部分社区矫正对象因为没有按照规定及时报到，因脱管被收监执行。社区矫正对象没有按时报到的原因是多方面的，有的是故意逃避社区矫正，有的则是因为不知道应当按时报到，还有的缓刑、管制对象认为自己在法院宣判后就处理完了，自己没有必要再接受社区矫正机构的监督管理、也不需要教育帮扶，因而没有主动报到。因此，本款规定社区矫正决定机关应当责令社区矫正对象按时报到。这里的按时报到的具体要求，可以参考本法第二十一条的规定。

配套

《刑法》第39条、第72条、第81条、第82条；《刑事诉讼法》第265—267条；《监狱法》第25条、第26条；《社区矫正法实施办法》第15条

第二十条 【通知和文书送达】 社区矫正决定机关应当自判决、裁定或者决定生效之日起五日内通知执行地社区矫正机构，并在十日内送达有关法律文书，同时抄送人民检察院和执行地公安机关。社区矫正决定地与执行地不在同一地方的，由执行地社区矫正机构将法律文书转送所在地的人民检察院、公安机关。

应用

8. 社区矫正法律文书是否应当抄送、转送有关人民检察院、公安机关？

一是社区矫正决定地与执行地在同一地方的，社区矫正决定机关应当将法律文书同时抄送人民检察院和执行地公安机关。社区矫正决定机关包括人民法院、省级以上监狱管理机关或者设区的市一级以上公安机关，他们应当将判决书、裁定书、决定书等，除送达执行地社区矫正机构外，还应当同时抄送人民检察院和执行地公安机关。

二是社区矫正决定地与执行地不在同一地方的，由执行地社区矫正机构将法律文书转送所在地的人民检察院、公安机关。对于社区矫正决定地与执行地在不同地方的，如果仍由社区矫正决定地向异地人民检察院、公安机关送达社区矫正法律文书，工作较为不便，因此本条从实际出发，规定社区矫正决定机关将有关法律文书送达执行地社区矫正机构后，由执行地社区矫正机构再将法律文书转送所在地的人民检察院、公安机关。

9. 人民检察院如何加大对交付执行环节的监督力度？

人民检察院开展社区矫正法律监督工作，应加大对交付执行环节的监督力度，严把社区矫正工作起点关。社区矫正交付执行是社区矫正工作依法开展的起始环节，也是决定后续社区矫正工作能否有序开展的关键一环。交付执行涉及不同部门的衔接配合，如果社区矫正对象未被依法及时交付执行或各部门衔接配合不当，将会严重影响社区矫正的执行。人民检察院应当强化对社区矫正交付执行的法律监督，推动社区矫正决定机关和社区矫正机构有效协作配合，依法开展监督，及时发现交付执行中的违法行为，确保社区矫正活动规范有序开展。（2023年6月26日最高人民检察院发布第三批6件社区矫正法律监督典型案例之四：社区矫正对象王某甲漏管法律监督案）

配套

《刑事诉讼法》第202条、第266条、第267条；《监狱法》第26条；《社区矫正法实施办法》第16条

第二十一条　【报到和移送】人民法院判处管制、宣告缓刑、裁定假释的社区矫正对象，应当自判决、裁定生效之日起十日内到执行地社区矫正机构报到。

人民法院决定暂予监外执行的社区矫正对象，由看守所或者执行取保候审、监视居住的公安机关自收到决定之日起十日内将社区矫正对象移送社区矫正机构。

监狱管理机关、公安机关批准暂予监外执行的社区矫正对象，由监狱或者看守所自收到批准决定之日起十日内将社区矫正对象移送社区矫正机构。

应用

10. 社区矫正对象到社区矫正机构接受社区矫正的方式包括哪些?

社区矫正对象到社区矫正机构接受社区矫正的方式可以分为管制、宣告缓刑、假释罪犯的主动报到和暂予监外执行罪犯的移送两种情形。其中,移送根据暂予监外执行决定情形的不同又分为三种情况。

一是社区矫正对象主动报到。这种情况针对的是人民法院判处管制、宣告缓刑、裁定假释的社区矫正对象。被判处管制、宣告缓刑的罪犯已经解除刑事强制措施,也没有被判处执行监禁刑罚,被人民法院裁定假释的罪犯已从监狱释放,社区矫正对象主动到执行地社区矫正机构报到,报到的期限是判决、裁定生效之日起十日以内。

二是人民法院决定暂予监外执行社区矫正对象的移送。根据本条规定,人民法院决定暂予监外执行的社区矫正对象,被采取拘留、逮捕刑事羁押措施,人在看守所的,由看守所负责移送社区矫正机构;被采取取保候审、监视居住刑事强制措施的,由负责执行的公安机关移送社区矫正机构。移送的期限是上述看守所、公安机关自收到人民法院暂予监外执行决定书之日起十日以内。

三是监狱管理机关、公安机关批准暂予监外执行社区矫正对象的移送。根据本条规定,监狱管理机关、公安机关批准暂予监外执行的社区矫正对象,罪犯在监狱服刑的,由监狱负责将社区矫正对象移送社区矫正机构,罪犯在看守所服刑的,由看守所负责移送。也就是由交付执行的监狱、看守所将其移送至执行地,与执行地社区矫正机构办理交接手续。

社区矫正对象报到或者移送后,执行地社区矫正机构应当按照本法第二十二条的规定依法接收社区矫正对象,办理有关手续。根据本法第八条第二款的规定,司法所根据社区矫正机构的委托,承担社区矫正相关工作。实践中社区矫正机构接受社区矫正对象后,会同时告知其指定的司法所。

执行地社区矫正机构发现社区矫正对象未按规定时间报到的,应当及时组织查找,并由执行地社区矫正机构通知有关人民法院、公安机关、监狱、执行地人民检察院。社区矫正对象逃避监管、不按规定时间期限报到导致漏管的,执行地社区矫正机构应当给予警告;符合收监执行条件的,依法提出撤销缓刑、撤销假释或者对暂予监外执行收监执行的建议。如果是属于暂予监外执行的社区矫正对象，需由有关部门移送，有关部门尚未移送的，应当及时通知移送机关依法移送。

人民检察院应当加强对社区矫正交付接收中有关部门履职情况的监督，发现社区矫正对象未在规定时间期限内报到，居住地社区矫正机构未及时组织查找的，或者有关看守所、监狱、公安机关未依法移送社区矫正对象的，依法提出纠正意见。

配套

《社区矫正法实施办法》第17条；《最高人民法院、最高人民检察院、公安部、司法部关于进一步加强社区矫正工作衔接配合管理的意见》第7条、第8条

第二十二条 【接收和宣告程序】社区矫正机构应当依法接收社区矫正对象，核对法律文书、核实身份、办理接收登记、建立档案，并宣告社区矫正对象的犯罪事实、执行社区矫正的期限以及应当遵守的规定。

注解

本条规定可以从以下两个方面来理解：

1. 关于社区矫正对象的接收

一是社区矫正机构应当依法接收社区矫正对象。本条首先明确了社区矫正机构应当依法接收社区矫正对象，不得推诿。本法第十七条对社区矫正执行地作了明确："社区矫正决定机关判处管制、宣告缓刑、裁定假释、决定或者批准暂予监外执行时应当确定社区矫正执行地。社区矫正执行地为社区矫正对象的居住地，社区矫正对象在多个地方居住的，可以确定经常居住地为执行地。社区矫正对象的居住地、经常居住地无法确定或者不适宜执行社区矫正的，社区矫正决定机关应当根据有利于社区矫正对象接受矫正、更好地融入社会的原则，确定执行地。"因此，社区矫正决定机关在作出社区矫正决定时已经根据相关原则，对社区矫正执行地作了明确，社区矫正机构应当依法接收，如对于跨省异地交付执行的，执行地社区矫正机构应当依法接收，不得再推诿、扯皮。

二是社区矫正机构接收社区矫正对象时，应当核对后办理登记手续。根

据本条规定，接收社区矫正对象时应当核对法律文书、核实身份、办理接收登记、建立档案。社区矫正对象的接收是社区矫正工作开始的一个重要环节，是确保社区矫正依法开始，避免漏管的一项基础性工作。

接收管制、缓刑、假释的社区矫正对象时，执行地社区矫正机构接到人民法院对罪犯拟适用社区矫正的有关通知后，应做好接收社区矫正对象的准备工作，并将有关事项告知拟负责承担社区矫正日常工作的司法所。收到决定机关送达的法律文书材料，要认真核对并登记，将回执送达决定机关，发现文书缺项的，要及时通知决定机关补齐。社区矫正对象在规定时限内报到的，社区矫正机构应对照已收到的法律文书核实其身份，保证是社区矫正对象本人前来报到和接受社区矫正。对没有收到相关法律文书而社区矫正对象已经前来报到时，应先进行登记，同时与决定机关联系约送法律文书。办理完接收登记手续后，告知社区矫正对象到指定的司法所接受社区矫正并通知司法所。

社区矫正机构应当为每一个社区矫正对象建立专门档案，档案中包括适用社区矫正的有关法律文书，以及接收、监管审批、处罚、收监执行、解除矫正等有关社区矫正执行活动的法律文书。

2. 关于社区矫正宣告

规定社区矫正宣告，一方面有利于增强社区矫正工作的严肃性，使社区矫正对象认真配合社区矫正工作，增强其接受社区矫正的自觉性；另一方面也是保障社区矫正对象合法权益，提高后期矫正工作效果的重要环节，对明确司法所、社区基层组织、所在单位以及社区矫正对象的监护人、亲属、保证人等承担责任，共同做好社区矫正工作，具有重要意义。

应 用

11. 宣告的内容包括哪几个方面？

宣告的内容包括：一是宣告社区矫正对象的犯罪事实，主要是宣告判决书、裁定书、决定书、执行通知书等有关法律文书的主要内容。二是宣告执行社区矫正的期限，哪一日开始，哪一日结束。三是宣告社区矫正对象应当遵守的各项规定、被禁止的事项，包括应当遵守法律、行政法规，履行判决、裁定、暂予监外执行决定等法律文书确定的义务如禁止令的规定，遵守国务院司法行政部门关于报告、会客、迁居、保外就医等监督管理规定，服从社区矫正机构的管理等,同时告知违反规定应承担的法律后果。此外,宣告时根据情况也可对矫正小组人员组成和职责等其他事项一并作出说明。

> 配套

《监狱法》第16条;《刑法》第40条、第76条、第85条;《社区矫正法实施办法》第18条

第四章 监督管理

第二十三条 【社区矫正对象的义务】社区矫正对象在社区矫正期间应当遵守法律、行政法规,履行判决、裁定、暂予监外执行决定等法律文书确定的义务,遵守国务院司法行政部门关于报告、会客、外出、迁居、保外就医等监督管理规定,服从社区矫正机构的管理。

> 注解

本条可以从以下四个方面理解:

1. 社区矫正对象在社区矫正期间应当遵守法律、行政法规

一是遵守法律、行政法规的一般性要求,就是不得违法犯罪。遵守法律、行政法规既是对一般公民的要求,也是对社区矫正对象应当遵守的基本要求。《刑法》第三十九条、第七十五条、第八十四条规定,被判处管制的犯罪分子,在执行期间,应当遵守法律、行政法规;被宣告缓刑的犯罪分子应当遵守法律、行政法规;被宣告假释的犯罪分子,应当遵守法律、行政法规。根据本条规定,社区矫正对象在社区矫正期间应当遵守法律、行政法规。这里规定的是"在社区矫正期间"遵守,在社区矫正期满解除后当然也应当继续遵守法律、行政法规。与在矫正期间以外时间不遵守法律、行政法规不同的是,在社区矫正期间不遵守法律、行政法规的,除了要承担违法犯罪本身的法律责任以外,对符合撤销缓刑、假释、暂予监外执行条件的,还要撤销社区矫正执行,予以收监执行。

二是遵守法律、行政法规有关社区矫正对象监督管理的规定。本条中的遵守法律、行政法规,除了一般性遵守法律、法规以外,还应当特别遵守法

律、行政法规关于社区矫正对象监督管理要求的规定。包括《刑法》《刑事诉讼法》以及本法有关监督管理的规定等。

2. 履行判决、裁定、暂予监外执行决定等法律文书确定的义务

有关法律文书的内容除了判处管制、宣告缓刑等予以社区矫正以外，根据案件判决情况可能还会有关于禁止令、职业禁止等其他法律义务的履行。

一是遵守禁止令。《刑法》第三十八条第二款规定："判处管制，可以根据犯罪情况，同时禁止犯罪分子在执行期间从事特定活动，进入特定区域、场所，接触特定的人。"第七十二条第二款规定："宣告缓刑，可以根据犯罪情况，同时禁止犯罪分子在缓刑考验期限内从事特定活动，进入特定区域、场所，接触特定的人。"因此，被判处管制、被宣告缓刑的罪犯，人民法院可以根据犯罪情况，在法律文书中对其履行禁止令作出规定。根据最高人民法院、最高人民检察院、公安部、司法部《关于对判处管制、宣告缓刑的犯罪分子适用禁止令有关问题的规定（试行）》的规定，禁止令的情形包括：（1）禁止从事以下特定活动：个人为进行违法犯罪活动而设立公司、企业、事业单位或者在设立公司、企业、事业单位后以实施犯罪为主要活动的，禁止设立公司、企业、事业单位；实施证券犯罪、贷款犯罪、票据犯罪、信用卡犯罪等金融犯罪的，禁止从事证券交易、申领贷款、使用票据或者申领、使用信用卡等金融活动；利用从事特定生产经营活动实施犯罪的，禁止从事相关生产经营活动；附带民事赔偿义务未履行完毕，违法所得未追缴、退赔到位，或者罚金尚未足额缴纳的，禁止从事高消费活动；其他确有必要禁止从事的活动。（2）禁止进入以下特定区域、场所：禁止进入夜总会、酒吧、迪厅、网吧等娱乐场所；未经执行机关批准，禁止进入举办大型群众性活动的场所；禁止进入中小学校区、幼儿园园区及周边地区，确因本人就学、居住等原因，经执行机关批准的除外；其他确有必要禁止进入的区域、场所。（3）禁止接触以下特定人员：未经对方同意，禁止接触被害人及其法定代理人、近亲属；未经对方同意，禁止接触证人及其法定代理人、近亲属；未经对方同意，禁止接触控告人、批评人、举报人及其法定代理人、近亲属；禁止接触同案犯；禁止接触其他可能遭受其侵害、滋扰的人或者可能诱发其再次危害社会的人。人民法院在判决书作出上述一种或几种禁止令情形的，社区矫正对象应当遵守、履行。

二是履行从业禁止的规定。《刑法》第三十七条之一第一款规定："因利

用职业便利实施犯罪，或者实施违背职业要求的特定义务的犯罪被判处刑罚的，人民法院可以根据犯罪情况和预防再犯罪的需要，禁止其自刑罚执行完毕之日或者假释之日起从事相关职业，期限为三年至五年。"人民法院在有关法律文书中作出从业禁止规定的，罪犯在管制、假释期间，即社区矫正期间当然也应当遵守从业禁止的规定。被禁止从事相关职业的人违反人民法院决定的，由公安机关依法给予处罚，情节严重的，依照《刑法》第三百一十三条规定的拒不执行判决、裁定罪定罪处罚。在社区矫正期间，社区矫正机构应当掌握社区矫正对象的从业情况。如果社区矫正机构在对社区矫正对象实施监督管理过程中，发现其违反人民法院禁止从事相关职业的决定的，应当立即制止，根据情况进一步加强有关监管措施，制止无效的，应当立即通知公安机关到场处置，以维护人民法院生效判决、裁定的严肃性，防止禁止从事相关职业的决定落空。

三是执行剥夺政治权利、罚金等附加刑。《刑法》规定了剥夺政治权利附加刑，第五十五条第二款规定，判处管制附加剥夺政治权利的，剥夺政治权利的期限与管制的期限相等，同时执行；第五十八条第一款规定，附加剥夺政治权利的期限，从徒刑、拘役执行完毕之日或者从假释之日起计算，剥夺政治权利的效力当然施用于主刑执行期间。因此，对于管制、缓刑、假释、暂予监外执行的罪犯，被判处剥夺政治权利的，在社区矫正期间应当遵守刑法剥夺政治权利的规定，包括被剥夺选举权和被选举权，言论、出版、集会、结社、游行、示威自由的权利，担任国家机关职务的权利，担任国有公司、企业、事业单位和人民团体领导职务的权利。

此外，对于法律文书确定的罚金刑，也属于本条规定的法律文书确定的义务。

四是其他法律文书确定的义务。随着我国司法审判实践的发展，尤其是认罪认罚从宽制度的实施完善，法律文书中开始出现罪犯应当履行的其他有关义务。比如，在环境犯罪领域，当前司法实践中一些人民法院在明确罪犯刑罚的同时，也明确了罪犯应当承担的生态环境修复责任和义务。再如，针对非法捕猎罪罪犯作出的投放鱼苗等修复渔业资源的行为，以及针对污染环境罪、非法占用农用地罪等生态环境犯罪的补偿修复措施等也越来越多地被人民法院在判决书中明确为恢复性司法措施。上述法律文书中经确认达成的承诺属于确定的法律义务，罪犯在社区矫正期间应当履行。

3. 遵守国务院司法行政部门关于报告、会客、外出、迁居、保外就医等监督管理规定

《刑法》《刑事诉讼法》和本法对社区矫正对象在社区矫正期间应当遵守有关监督管理规定作了规定。例如，《刑法》第三十九条、第七十五条、第八十四条对被判处管制、宣告缓刑、假释的罪犯，在社区矫正期间应当按照执行机关规定报告自己的活动情况，遵守执行机关关于会客的规定，离开所居住的市、县或者迁居，应当报执行机关批准等作出了规定。《刑事诉讼法》第二百六十八条规定，严重违反有关暂予监外执行监督管理规定的应当收监执行。

根据《刑法》《刑事诉讼法》的有关规定和本法第二十八条的规定，社区矫正对象违反上述监督管理规定的，应当视情节依法给予训诫、警告、依法使用电子定位装置等加强监督，或者提请公安机关予以治安管理处罚，或者情节严重，符合撤销缓刑、假释、暂予监外执行条件的，应当依法提请撤销社区矫正，收监执行。

4. 服从社区矫正机构的管理

本法规定，社区矫正机构负责社区矫正工作的具体实施，社区矫正是执行刑事判决、裁定和暂予监外执行决定的严肃教育矫正活动，社区矫正对象依法接受社区矫正，服从社区矫正机构的管理。这里的管理既包括本条规定的法律、法规和国务院司法行政部门关于报告、会客、外出、迁居、保外就医等监督管理规定，也包括社区矫正机构为做好社区矫正工作，在日常管理、通信联络、信息化核查、实地查访、教育帮扶、考核等方面的管理制度。

配套

《刑法》第 38 条、第 39 条、第 72 条、第 75 条、第 84 条；《刑事诉讼法》第 268 条

第二十四条 【矫正方案】 社区矫正机构应当根据裁判内容和社区矫正对象的性别、年龄、心理特点、健康状况、犯罪原因、犯罪类型、犯罪情节、悔罪表现等情况，制定有针对性的矫正方案，实现分类管理、个别化矫正。矫正方案应当根据社区矫正对象的表现等情况相应调整。

注解

本条可以从以下三个层次理解：

1. 根据裁判内容和社区矫正对象的情况，制定有针对性的矫正方案

根据本条规定，制定社区矫正方案时应当考虑以下三个方面的因素：

第一，裁判内容。社区矫正是保障刑事判决、刑事裁定和暂予监外执行决定正确执行的活动。制定矫正方案首先应当考虑裁判内容。考虑裁判内容主要指考虑管制、缓刑、假释、暂予监外执行的罪犯的不同情况。根据本法规定，社区矫正对象是指被判处管制、宣告缓刑、假释和暂予监外执行的罪犯四类。

第二，犯罪的有关情况，包括犯罪原因、犯罪类型、犯罪情节、悔罪表现等。针对不同的犯罪原因，有针对性地防止再犯，是取得矫正效果的重要途径。犯罪类型，即不同的犯罪类型，如盗窃和伤害，所反映的罪犯人身危险性、矫正难度和需要采取的矫正措施、教育内容等都是不同的。犯罪情节即衡量犯罪危害性的综合性因素，包括使用的犯罪手段、侵害的对象、造成的后果、犯罪的动机等。犯罪情节的具体情况和程度是考虑矫正方案中措施的重要参考因素。悔罪表现是衡量矫正难度的一个重要指标，对于积极悔罪认罪矫正难度小的，在监督管理和制定方案中可以有所宽缓。

第三，罪犯本身的情况，包括性别、年龄、心理特点、健康状况等。性别为女性的，应当在矫正小组成员中安排女性，制定方案时应当考虑女性的生理、心理特点。矫正方案还应当考虑社区矫正对象年龄情况，对于未成年人的还应当按照本法第七章有关未成年人社区矫正的规定开展社区矫正。心理特点包括心理成熟度、性格特点等。健康状况的不同对于矫正方案内容也具有重要影响，特别是对于暂予监外执行的矫正对象，属于有严重疾病需要保外就医的罪犯或者怀孕、哺乳期的妇女，需特别考虑"身体状况"。对于其他身体健康不佳状况的，在有关监督管理措施的适用上也应当考虑照顾到其身体状况。

2. 实现分类管理、个别化矫正

分类管理有利于集中精力矫正重点对象，提升矫正效果，如果不加区分采用一种模式管理，一方面会增加工作负担；另一方面也必然分散精力，出现对不该管的做无用功、该管的工作不到位的情况。通过分类，确定少数的

重点管理对象，集中精力、对症下药，以确保矫正效果，同时对于多数的不需要重点管理的矫正对象，做到一般监管。

3. 矫正方案应当根据社区矫正对象的表现等情况作相应调整

矫正方案开始实施后，应实行动态管理，及时对实施情况进行评估。实施过程中可能发现有的措施有不适合的地方，或者应当采取其他更好的措施，或者矫正对象由于矫正工作的开展，教育改造的情况也在发生变化，需据此调整矫正方案的有关内容。对于矫正措施针对性强、矫正效果明显的，可以继续使用原来的方案；原来拟定的矫正措施针对性不强、实施效果差的，重新对矫正措施进行调整，或者对部分内容进行调整。对于矫正对象在矫正期间表现情况好的，应当调整有关措施内容，或者对管理类别作出调整。总之做到因人定案，因人施矫，切忌千篇一律、不讲效果。

> 配 套

《监狱法》第39条、第61条；《社区矫正法实施办法》第21、第22条

第二十五条 【矫正小组】社区矫正机构应当根据社区矫正对象的情况，为其确定矫正小组，负责落实相应的矫正方案。

根据需要，矫正小组可以由司法所、居民委员会、村民委员会的人员，社区矫正对象的监护人、家庭成员，所在单位或者就读学校的人员以及社会工作者、志愿者等组成。社区矫正对象为女性的，矫正小组中应有女性成员。

> 注 解

根据社区矫正对象的情况，包括社区矫正对象犯罪的情况、悔罪认罪的情况、矫正工作的难度等。矫正小组负责落实相应的矫正方案。本法第二十四条规定，对社区矫正对象应当制定有针对性的矫正方案，实现分类管理、个别化矫正。矫正方案制定后，需由矫正小组负责落实相应的矫正方案。

> 应 用

12. 矫正小组人员组成可以包括哪几个方面的人员？

一是司法所、居民委员会、村民委员会的人员。根据本法第九条、第十二条等规定，司法所根据社区矫正机构的委托，承担社区矫正相关工作。居

民委员会、村民委员会依法协助社区矫正机构做好社区矫正工作。从实践来看，社区矫正机构或者司法所工作人员一般担任矫正小组组长。

二是社区矫正对象的监护人、家庭成员。监护人、家庭成员对于社区矫正对象教育矫正具有特别的作用，也负有协助社区矫正机构做好社区矫正工作的义务。特别是未成年人的监护人，本法对其监护职责还作了专门规定，未成年人社区矫正对象的监护人应当履行监护责任，承担抚养、管教等义务。监护人怠于履行监护职责的，社区矫正机构应当督促、教育其履行监护责任。监护人拒不履行监护职责的，通知有关部门依法作出处理。因此，监护人一方面要履行矫正小组工作中确定的相应职责；另一方面更为重要的是通过履行法定的监护职责实现矫正小组工作职责。

三是所在单位或者就读学校的人员。社区矫正期间社区矫正对象有就业生活的权利和需要，工作单位在工作中配合执行社区矫正活动。对于尚未完成学业的社区矫正对象，所在学校协助社区矫正相关要求和工作。

四是社会工作者、志愿者等。社会组织和力量，在社区矫正工作中具有重要的作用，从实践情况看，社会组织参与度越高，社区矫正工作往往开展得越好。本法第十一条规定，社区矫正机构根据需要，组织具有法律、教育、心理、社会工作等专业知识或者实践经验的社会工作者开展社区矫正相关工作；第十三条规定，国家鼓励、支持企业事业单位、社会组织、志愿者等社会力量依法参与社区矫正工作。社会工作者、志愿者参与社区矫正工作在身份上具有中立性、服务性、帮助性，容易受到社区矫正对象的接受、认可，且他们往往具备更为专业的矫正方法。

最后，需要注意的是，社区矫正对象为女性的，矫正小组中应有女性成员。同时，上述人员具体哪些人员担任矫正小组成员，根据情况和需要确定，也不是所有上述人员类别中都必须同时参加。

配套

《监狱法》第40条；《社区矫正法实施办法》第19条

第二十六条　【掌握社区矫正对象的情况和表现】社区矫正机构应当了解掌握社区矫正对象的活动情况和行为表现。社区矫正机构可以通过通信联络、信息化核查、实地查访等方式核实有关情况，有关单位和个人应当予以配合。

社区矫正机构开展实地查访等工作时,应当保护社区矫正对象的身份信息和个人隐私。

应用

13. 社区矫正机构为了解掌握核实社区矫正对象的情况,一般可以依法采取哪些措施?

(1) 运用信息化监管核查手段。实践中,社区矫正机构大多把信息技术推广运用到社区矫正监管核查工作中,建立社区矫正信息管理系统和工作平台,推广应用信息化技术,不断提高监管工作的便捷性和实效性。比如,有的地方为社区矫正对象配带有定位功能的手机或者手机卡,要求其随身携带并保持开机。信息系统平台可以实时监控、记录社区矫正对象的方位和活动轨迹,一旦出现社区矫正对象超越规定活动范围的情况,平台就会自动报警。

(2) 入矫报到。依据本法第二十一条规定,被判处管制、宣告缓刑、裁定假释的社区矫正对象,应当自判决、裁定生效之日起十日内,到执行地社区矫正机构报到;被决定暂予监外执行的社区矫正对象,应当由执行监禁或者强制执行措施的监狱、看守所、公安机关等,自收到决定之日起十日内,将其移送社区矫正机构。实践中,有的地方为了防止出现脱管漏管现象,还变被动为主动,推行了社区矫正对象必接制度,也即要求县级司法行政机关的社区矫正机构应当在有关法律文书生效当日,组织人员到人民法院、监狱,接回社区矫正对象。

(3) 入矫宣告。依据本法第二十二条的规定,社区矫正机构在依法接收社区矫正对象后,应当对相关法律文书和社区矫正对象的身份进行核对和核实,并在对社区矫正对象办理接收登记、建立档案的同时,向其宣告相关的犯罪事实、执行社区矫正的期限以及应当遵守的规定。实践中,社区矫正机构将入矫宣告作为提高社区矫正对象矫正意识,彰显社区矫正工作严肃性、规范性、权威性的重要措施,一般都建立了严格规范的宣告程序,一般会为社区矫正对象举办由司法所工作人员、辖区派出所民警、社区综治人员或人民检察院的工作人员等参加的宣告仪式。

(4) 定期报告和回访。本法第二十三条规定,社区矫正对象在社区矫正期间应当遵守法律、行政法规,履行判决、裁定、暂予监外执行决定等法律文书确定的义务，遵守国务院司法行政部门关于报告、会客、外出、迁居、保外就医等监督管理规定，服从社区矫正机构的管理。实践中，社区矫正机构一般规定社区矫正对象要定期向司法所报告本人遵纪守法、接受监督管理、参加教育学习等情况。比如，有的根据社区矫正对象的监管等级，对于严格管理的，要求每周电话报告一次，每半个月当面报告一次；普通管理的，要求每周电话报告一次，每月当面报告一次；宽松管理的，要求每两周电话报告一次，每月当面报告一次。同时，社区矫正机构也会定期到社区矫正对象的家庭、所在单位、就读学校和居住的社区走访，了解、核实社区矫正人员的思想动态和现实表现情况。

（5）规范会客管理，以及外出、迁居报告制度。本法第二十三条规定了社区矫正对象关于遵守报告、会客、外出、迁居、保外就医等监督管理规定的义务。本法第二十七条规定，社区矫正对象离开所居住的市、县或者迁居，应当报经社区矫正机构批准；因社区矫正对象迁居等原因需要变更执行地的，社区矫正机构应当按照有关规定作出变更决定。

配套

《宪法》第5条、第37条；《社区矫正法实施办法》第23条

第二十七条 【外出、迁居和变更执行地】 社区矫正对象离开所居住的市、县或者迁居，应当报经社区矫正机构批准。社区矫正机构对于有正当理由的，应当批准；对于因正常工作和生活需要经常性跨市、县活动的，可以根据情况，简化批准程序和方式。

因社区矫正对象迁居等原因需要变更执行地的，社区矫正机构应当按照有关规定作出变更决定。社区矫正机构作出变更决定后，应当通知社区矫正决定机关和变更后的社区矫正机构，并将有关法律文书抄送变更后的社区矫正机构。变更后的社区矫正机构应当将法律文书转送所在地的人民检察院、公安机关。

应用

14. 社区矫正机构作出社区矫正对象执行地变更决定的审批程序是什么？

根据《社区矫正法实施办法》，一般遵循如下步骤：（1）社区矫正对象

因工作、居所变化等原因需要变更执行地的，一般应当提前一个月提出书面申请，并提供相应的证明材料，由受委托的司法所签署意见后报执行地县级社区矫正机构审批。(2) 执行地县级社区矫正机构收到申请后，应当在五日内书面征求新执行地县级社区矫正机构的意见。(3) 新执行地县级社区矫正机构接到征求意见函后，应当在五日内核实有关情况，作出是否同意接收的意见并书面回复。(4) 执行地县级社区矫正机构根据回复意见，作出决定。执行地县级社区矫正机构对新执行地县级社区矫正机构的回复意见有异议的，可以报上一级社区矫正机构协调解决。(5) 经审核，执行地县级社区矫正机构不同意变更执行地的，应在决定作出之日起五日内告知社区矫正对象。同意变更执行地的，应对社区矫正对象进行教育，书面告知其到新执行地县级社区矫正机构报到的时间期限以及逾期报到或者未报到的后果，责令其按时报到。(6) 同意变更执行地的，原执行地县级社区矫正机构应当在作出决定之日起五日内，将有关法律文书和档案材料移交新执行地县级社区矫正机构，并将有关法律文书抄送社区矫正决定机关和原执行地县级人民检察院、公安机关。新执行地县级社区矫正机构收到法律文书和档案材料后，在五日内送达回执，并将有关法律文书抄送所在地县级人民检察院、公安机关。

15. 情况特殊的社区矫正对象因正常工作和生活需要申请经常性跨市县活动的，人民检察院是否可以依法推动社区矫正机构简化审批程序和方式？

人民检察院开展社区矫正法律监督工作，应当坚持以人民为中心，强化对社区矫正对象合法权益的保障。对涉海涉渔等情况特殊的社区矫正对象因正常工作和生活需要申请出海作业等经常性跨市县活动的，人民检察院可以依法推动社区矫正机构简化审批程序和方式。人民检察院应当加强与社区矫正机构的协作配合，综合运用多种工作方式，共同破解经常性跨市县活动社区矫正对象的监管难题，实现检察监督与社区矫正工作的双赢、多赢、共赢。(2023年6月26日最高人民检察院关于印发第三批社区矫正法律监督典型案例的通知)

配 套

《刑法》第39条、第75条、第84条；《刑事诉讼法》第268条；本法第2条、第17条、第20条、第23条；《最高人民法院关于适用〈中华人民共和国刑事诉讼法〉的解释》第516条；《社区矫正法实施办法》第27—31条

第二十八条 【考核奖惩】社区矫正机构根据社区矫正对象的表现,依照有关规定对其实施考核奖惩。社区矫正对象认罪悔罪、遵守法律法规、服从监督管理、接受教育表现突出的,应当给予表扬。社区矫正对象违反法律法规或者监督管理规定的,应当视情节依法给予训诫、警告、提请公安机关予以治安管理处罚,或者依法提请撤销缓刑、撤销假释、对暂予监外执行的收监执行。

对社区矫正对象的考核结果,可以作为认定其是否确有悔改表现或者是否严重违反监督管理规定的依据。

注解

依照有关规定对社区矫正对象实施考核奖惩,既是对社区矫正对象监督管理的重要方式,也是实行个别化矫正的重要体现。

第一,社区矫正机构根据社区矫正对象的表现,依照有关规定对其实施考核奖惩。本法第四章系统规定了对社区矫正对象进行监督管理的内容,在第二十三条明确了社区矫正对象的义务,第二十四条规定了社区矫正方案的制定与调整,第二十六条规定了社区矫正机构应当掌握社区矫正对象的活动情况和行为表现,有关单位和个人应当予以配合,第二十七条规定了社区矫正对象离开所居住的市、县或者迁居的批准等;第五章还对社区矫正对象接受教育等作了规定。本法的以上规定都包含了社区矫正对象的表现的内容,社区矫正机构可以据此对社区矫正对象进行考核奖惩。

第二,社区矫正对象认罪悔罪、遵守法律法规、服从监督管理、接受教育表现突出的,应当给予表扬。社区矫正立法的目的就是通过保障刑事判决、刑事裁定和暂予监外执行决定的正确执行,提高教育矫正质量,促进社区矫正对象顺利融入社会,预防和减少犯罪。因此,对于社区矫正过程中认罪悔罪、遵守法律法规、服从监督管理、接受教育表现突出的,应当给予表扬等奖励。

第三,社区矫正对象违反法律法规或者监督管理规定的,应当视情节依法给予训诫、警告、提请有关机关予以治安管理处罚,或者依法提请撤销缓刑、撤销假释、对暂予监外执行的收监执行。这里包括三个方面的内容:一是适用情形，即违反法律法规或者监督管理规定的行为。二是执行中应当综合考虑违规违法行为的类型及情节，根据其具体的社区矫正事由，如缓刑、假释还是管制、暂予监外执行等予以不同的处理。三是处理方式上包括：训诫、警告、提请有关机关予以治安管理处罚，或者依法提请撤销缓刑、撤销假释、对暂予监外执行的收监执行。以下重点对处理方式进行解读，对于社区矫正对象违反法律法规或者监督管理规定，情节较轻的，予以训诫、警告即可。对于情节较重的，可以提请予以治安管理处罚。

应 用

16. 对社区矫正对象的考核结果，是否可以作为认定其是否确有悔改表现或者是否严重违反监督管理规定的依据？

根据《刑法》第七十八条的规定，被判处管制、拘役、有期徒刑、无期徒刑的犯罪分子，在执行期间，如果认真遵守监规，接受教育改造，确有悔改表现的，可以减刑。社区矫正对象符合上述条件，确有悔改表现的，可以予以减刑。根据本款规定，考核结果可以作为认定其是否有悔改表现进而予以减刑的依据。另外，根据《刑法》第七十七条、第八十六条，以及《刑事诉讼法》第二百六十八条的规定，严重违反监督管理规定的应当撤销缓刑、撤销假释、予以收监执行。根据本款规定，考核结果可以作为是否严重违反监督管理规定进而是否应当撤销缓刑、假释、收监执行的依据。

配 套

《刑法》第77条、第78条、第86条；《刑事诉讼法》第268条；《治安管理处罚法》第60条；《社区矫正法实施办法》第32—35条

第二十九条 【使用电子定位装置】社区矫正对象有下列情形之一的，经县级司法行政部门负责人批准，可以使用电子定位装置，加强监督管理：

（一）违反人民法院禁止令的；

（二）无正当理由，未经批准离开所居住的市、县的；

（三）拒不按照规定报告自己的活动情况，被给予警告的；

（四）违反监督管理规定，被给予治安管理处罚的；

（五）拟提请撤销缓刑、假释或者暂予监外执行收监执行的。

前款规定的使用电子定位装置的期限不得超过三个月。对于不需要继续使用的，应当及时解除；对于期限届满后，经评估仍有必要继续使用的，经过批准，期限可以延长，每次不得超过三个月。

社区矫正机构对通过电子定位装置获得的信息应当严格保密，有关信息只能用于社区矫正工作，不得用于其他用途。

【注解】

电子定位装置，是依托移动定位技术、通信技术等实现对社区矫正对象进行定位的电子装置，包括通常所说的电子脚环、电子手环、电子腕带等。关于电子腕带，司法部2019年发布了《社区矫正电子定位腕带技术规范》（SF/T 0056—2019）。使用电子定位装置，应经县级司法行政部门负责人批准，加强管理。这里的县级司法行政部门负责人，可以是县级司法行政部门分管社区矫正工作的负责人，也可以是县级司法行政部门主要负责人。

【应用】

17. 社区矫正机构对通过电子定位装置获得的信息是否应当严格保密？

一是信息严格保密。通过电子定位装置获得的信息和其具体使用的终端功能密不可分，除定位信息外，还可能有其他信息，定位信息本身也可能涉及其工作生活甚至隐私信息，应当严格保密。

二是有关信息只能用于社区矫正工作，不得用于其他用途。主要是指获得的信息只能用于社区矫正工作本身，包括根据获得的信息加强和改进社区矫正的监督管理、教育帮扶工作、评估等，不得用于社区矫正之外的其他用途。根据本法第六十一条的规定，社区矫正机构工作人员和其他国家工作人员泄露社区矫正工作秘密或者其他依法应当保密的信息的，应当给予处分；构成犯罪的，依法追究刑事责任。

【配套】

《刑法》第38条、第39条、第72条、第75条、第77条、第84条；《刑事诉讼法》第268条；《社区矫正法实施办法》第37条；《最高人民法院关于适用〈中华人民共和国刑事诉讼法〉的解释》第516条；《最高人民法院、最高人民检察院、公安部、司法部关于对判处管制、宣告缓刑的犯罪分

子适用禁止令有关问题的规定（试行）》；《社区矫正电子定位腕带技术规范》（SF/T 0056—2019）

第三十条 【查找失去联系的社区矫正对象】社区矫正对象失去联系的，社区矫正机构应当立即组织查找，公安机关等有关单位和人员应当予以配合协助。查找到社区矫正对象后，应当区别情形依法作出处理。

注解

　　社区矫正对象失去联系即通常所说的社区矫正对象脱管、漏管的情况，既可能发生在社区矫正对象到社区矫正机构报到前，也可能发生在日常的社会矫正管理之中。

　　社区矫正对象失去联系的，公安机关等有关单位和人员应当予以配合协助查找。做好社区矫正工作并不只是社区矫正机构一个部门的职责。社区矫正机构要及时将社区矫正对象失去联系的情况及时通报相关部门，包括公安机关，以及罪犯原服刑的监狱、看守所等。根据本法第八条第二款的规定，人民法院、人民检察院、公安机关和其他有关部门依照各自职责，依法做好社区矫正工作。社区矫正对象失去联系的，公安机关等有关单位和人员应当予以配合协助查找。

应用

18. 查找到社区矫正对象后，应如何依法作出处理？

　　本法第三条规定社区矫正要采取分类管理、个别化矫正的方式。对于失去联系的社区矫正对象，在查找到后，应当查明其失去联系的具体原因。对于除不可抗力等自身原因以外的因素导致失去联系的情况外，应当区分不同情况、情节作出处理。根据本法第二十三条的规定，社区矫正对象在社区矫正期间应当遵守法律、行政法规，履行判决、裁定、暂予监外执行决定等法律文书确定的义务，遵守国务院司法行政部门关于报告、会客、外出、迁居、保外就医等监督管理规定，服从社区矫正机构的管理。根据本法第二十八条的规定，社区矫正对象违反法律法规或者监督管理规定的，应当视情节依法给予训诫、警告、提请有关机关予以治安管理处罚，或者依法提请撤销缓刑、撤销假释、对暂予监外执行的收监执行。对于有本法第二十九条规定情形的，经县级司法行政部门负责人批准，可以使用电子定位装置，加强监督管理。

配套

《社区矫正法实施办法》第38条

第三十一条　【违法行为的制止与处置】社区矫正机构发现社区矫正对象正在实施违反监督管理规定的行为或者违反人民法院禁止令等违法行为的，应当立即制止；制止无效的，应当立即通知公安机关到场处置。

配套

《刑法》第38条、第72条；《治安管理处罚法》第60条；《社区矫正法实施办法》第40条

第三十二条　【其他机关限制人身自由的通知义务】社区矫正对象有被依法决定拘留、强制隔离戒毒、采取刑事强制措施等限制人身自由情形的，有关机关应当及时通知社区矫正机构。

配套

《社区矫正法实施办法》第41条

第三十三条　【减刑程序】社区矫正对象符合刑法规定的减刑条件的，社区矫正机构应当向社区矫正执行地的中级以上人民法院提出减刑建议，并将减刑建议书抄送同级人民检察院。

人民法院应当在收到社区矫正机构的减刑建议书后三十日内作出裁定，并将裁定书送达社区矫正机构，同时抄送人民检察院、公安机关。

注解

根据《刑法》的规定，可以减刑的条件分为两类。

第一类是有悔改或者立功表现可以减刑的罪犯。社区矫正对象包括被判处管制、宣告缓刑、假释和暂予监外执行的罪犯。社区矫正机构对社区对象

进行监督管理和教育帮扶，考查社区矫正对象的表现，如社区矫正期间是否依法接受社区矫正，服从监督管理，积极参加政治、文化、职业技能学习和培训，是否认罪悔罪、遵守法律法规等。这些情况有助于判断社区矫正对象是否存在悔改或者立功表现，即是否符合减刑的条件。需要注意的是，《最高人民法院关于办理减刑、假释案件具体应用法律的规定》对刑法中"确有悔改表现""立功表现"的规定作了进一步细化。比如，《刑法》里的"确有悔改表现"指同时具备以下条件：认罪悔罪；遵守法律法规及监规，接受教育改造；积极参加思想、文化、职业技术教育；积极参加劳动，努力完成劳动任务。但是同时明确职务犯罪、破坏金融管理秩序和金融诈骗犯罪、组织（领导、参加、包庇、纵容）黑社会性质组织犯罪等罪犯，不积极退赃、协助追缴赃款赃物、赔偿损失，或者服刑期间利用个人影响力和社会关系等不正当手段意图获得减刑、假释的，不认定其"确有悔改表现"。对于"立功表现"的条件，该司法解释对《刑法》规定的"重大技术革新""对国家和社会有其他重大贡献"等内容作了进一步明确，要求应当由罪犯在刑罚执行期间独立或者为主完成，并经省级主管部门确认。社区矫正机构应参照该司法解释的规定，判断社区矫正对象是否符合确有悔改或者立功表现可以减刑的条件。

第二类是属于重大立功表现应当减刑的罪犯。根据《刑法》第七十八条的规定，有六种情况属于重大立功表现，应当予以减刑。同时需要注意的是，《最高人民法院关于办理减刑、假释案件具体应用法律的规定》对"重大立功表现"的规定也作了进一步明确，如"有发明创造或者重大技术革新"的规定应当是罪犯在刑罚执行期间独立或者为主完成并经国家主管部门确认的发明专利，且不包括实用新型专利和外观设计专利。社区矫正机构也应参照该司法解释的规定，判断社区矫正对象是否符合重大立功表现可以减刑的条件。

此外，无论是第一类"可以减刑"还是第二类"应当减刑"，都需要满足服刑年限、减刑起始时间和间隔频次等具体规定。《最高人民法院关于办理减刑、假释案件具体应用法律的规定》对此也作了明确，如规定被判处十年以上有期徒刑的罪犯，两次减刑间隔时间不得少于一年六个月；减刑间隔时间不得低于上次减刑减去的刑期；罪犯有重大立功表现的，可以不受减刑间隔时间的限制等。社区矫正机构在启动减刑工作时也需要符合这些规定的要求。

应用

19. 人民检察院在办理有重大社会影响的社区矫正对象减刑监督案件时，是否可以运用公开听证方式来开展案件审查工作？

人民检察院在办理减刑监督案件时，可以通过公开听证方式听取各方意见，最大限度凝聚共识，确保案件办理质效。人民检察院办理有重大社会影响的社区矫正对象减刑监督案件，可以运用公开听证方式开展案件审查工作，广泛听取意见，并通过以案释法，弘扬社会主义核心价值观。在听证过程中，应重点围绕社区矫正对象的行为是否符合《刑法》第七十八条规定的重大立功情形听取意见。人民检察院综合听证员意见，结合社区矫正对象见义勇为的具体表现、有效避免或阻止发生的危害后果，以及原判罪名情节、社会危害程度和社区矫正期间表现等因素，经审慎研究，依法认定符合减刑条件的，应当向刑罚执行机关提出提请减刑的检察建议。（最高人民检察院检例第133号）

配套

《刑法》第78条、第79条；《刑事诉讼法》第273条、第274条；《最高人民法院关于办理减刑、假释案件具体应用法律的规定》；《社区矫正法实施办法》第42条

第三十四条　【合法权益保障】开展社区矫正工作，应当保障社区矫正对象的合法权益。社区矫正的措施和方法应当避免对社区矫正对象的正常工作和生活造成不必要的影响；非依法律规定，不得限制或者变相限制社区矫正对象的人身自由。

社区矫正对象认为其合法权益受到侵害的，有权向人民检察院或者有关机关申诉、控告和检举。受理机关应当及时办理，并将办理结果告知申诉人、控告人和检举人。

第五章　教育帮扶

第三十五条　【场所和条件】县级以上地方人民政府及其有

关部门应当通过多种形式为教育帮扶社区矫正对象提供必要的场所和条件，组织动员社会力量参与教育帮扶工作。

有关人民团体应当依法协助社区矫正机构做好教育帮扶工作。

第三十六条 【教育矫正】社区矫正机构根据需要，对社区矫正对象进行法治、道德等教育，增强其法治观念，提高其道德素质和悔罪意识。

对社区矫正对象的教育应当根据其个体特征、日常表现等实际情况，充分考虑其工作和生活情况，因人施教。

配套

《社区矫正法实施办法》第43条

第三十七条 【职业技能培训和就学】社区矫正机构可以协调有关部门和单位，依法对就业困难的社区矫正对象开展职业技能培训、就业指导，帮助社区矫正对象中的在校学生完成学业。

注解

一是帮助本应继续完成学业的学生完成学业。对于未完成义务教育的社区矫正对象来说，应当依法完成义务教育。社区矫正机构应依法帮助其继续完成学业。

二是为有可能继续完成学业的学生，争取完成学业的机会。实践中，有的地方反映，除义务教育依法必须完成外，高中、职业高中、大学、独立设置的学院和高等专科学校、高等职业技术学院等一般都会对犯罪的学生作出较为严厉的处分，最严厉的是开除学籍处分。有的学校对社区矫正的在校学生也做出开除学籍的处分，不让其继续完成学业。事实上，采取社区矫正的在校学生不同于严重犯罪的人员，其危害程度相对轻微，继续完成学业是开展个别化社区矫正的较好方式。社区矫正机构有必要利用好学校的教育资源和条件，通过让社区矫正对象完成学业，发挥教育帮扶的最佳效果。根据本条的规定，社区矫正机构可以协调有关部门和单位，与学校充分沟通和协商，让学校共同参与社区矫正工作，尽可能帮助社区矫正对象中的在校学生继续完成学业。

根据本法第五十五条第二款的规定，年满十六周岁的未成年社区矫正对象有就业意愿的，社区矫正机构可以协调有关部门和单位为其提供职业技能培训，给予就业指导和帮助。如果该未成年社区矫正对象同时属于在校学生的，应征求其意见并让其选择，可根据本条的规定继续完成学业或者根据本法第五十五条第二款的规定接受职业技能培训。社区矫正机构应协调相关部门和单位，做好该类未成年社区矫正对象的教育帮扶工作。

> 配套

《社区矫正法实施办法》第45条

第三十八条 【特殊困难对象的社区教育帮扶】居民委员会、村民委员会可以引导志愿者和社区群众，利用社区资源，采取多种形式，对有特殊困难的社区矫正对象进行必要的教育帮扶。

> 注解

"有特殊困难"主要有两层含义：一方面，有特殊困难的社区矫正对象是社区矫正对象中的相对弱势群体，如丧失劳动能力的残疾人，患有精神疾病丧失行为能力的，年龄较大或因疾病常年卧床不起行动不便的，孤寡老人或子女常年不在身边无人照顾的，有特殊经济困难或家庭困难等情况的社区矫正对象。这部分群体是教育帮扶的重点和难点，根据具体的情况，给予个体化矫正和帮扶。比如，个案工作中的心理社会模式，着重从个人生理心理以及社会角度分析和解决个人问题，为其争取各种救济，改善其家庭状况，及时沟通了解其思想动态，有效消除其可能再犯罪的因素。另一方面，对于承担社区矫正工作的人员来说，在确有必要时对社区矫正对象进行教育帮助，避免形式化的工作模式，防止干扰和侵害社区矫正对象的合法权益，保障社区矫正工作顺利进行。

> 配套

《监狱法》第68条；《城市居民委员会组织法》第2条、第3条；《司法部、中央综治办、教育部、民政部、财政部、人力资源社会保障部关于组织社会力量参与社区矫正工作的意见》

第三十九条 【监护人、家庭成员、单位和学校的义务】社区矫正对象的监护人、家庭成员，所在单位或者就读学校应当协助社区矫正机构做好对社区矫正对象的教育。

第四十条 【社工、专业社会组织的帮扶】社区矫正机构可以通过公开择优购买社区矫正社会工作服务或者其他社会服务，为社区矫正对象在教育、心理辅导、职业技能培训、社会关系改善等方面提供必要的帮扶。

社区矫正机构也可以通过项目委托社会组织等方式开展上述帮扶活动。国家鼓励有经验和资源的社会组织跨地区开展帮扶交流和示范活动。

第四十一条 【社会力量帮助就业】国家鼓励企业事业单位、社会组织为社区矫正对象提供就业岗位和职业技能培训。招用符合条件的社区矫正对象的企业，按照规定享受国家优惠政策。

应用

20. 社会组织的范围是什么？

根据民政部2010年公布的《社会组织评估管理办法》，社会组织是指经各级人民政府民政部门登记注册的社会团体、基金会、民办非企业单位。国家鼓励上述单位通过提供就业岗位、职业技能培训等方式对社区矫正对象予以帮扶，解决其就业问题，为社区矫正对象顺利回归社会提供帮助。

21. 国家优惠政策的主要内容是什么？

本条所规定的按照规定享受国家优惠政策，是指按照《财政部、国家税务总局关于安置残疾人就业单位城镇土地使用税等政策的通知》中规定的，对安置残疾人社区矫正对象就业单位实行减征或免征城镇土地使用税的优惠政策；按照《财政部、国家税务总局、人力资源和社会保障部、国务院扶贫开发领导小组办公室关于进一步支持和促进重点群体创业就业有关税收政策的通知》中规定的，对安置贫困、下岗社区矫正对象实行限额依次扣减增值税、城市维护建设税、教育税附加、地方教育附加和企业所得税的优惠政策；以及按照其他有关法律法规和部门规章、地方规章等规定，对安置符合相关条件的社区矫正对象的企业实行相应的税收优惠或其他优惠政策。

配套

《民办教育促进法》第47条;《社会保险法》第5条第3款;《残疾人保障法》第31条;《司法部、中央综治办、教育部、民政部、财政部、人力资源社会保障部关于组织社会力量参与社区矫正工作的意见》

第四十二条 【参加公益活动】 社区矫正机构可以根据社区矫正对象的个人特长,组织其参加公益活动,修复社会关系,培养社会责任感。

注解

公益活动是指一定的组织或个人向社会捐赠财物、时间、精力和知识等的活动。公益活动的内容包括社区服务、环境保护、知识传播、公共福利、帮困扶贫、维护良好秩序、慈善、社团活动、专业特色服务、文化艺术活动等。开展公益活动是中华民族优良传统的延续,是维护社会和谐稳定的内在要求。

开展公益活动应当尊重社区矫正对象的个人特长和自身情况,避免强制性、形式化的活动方式。社区矫正机构在组织公益活动时,要考虑社区矫正对象的身体情况,年龄、性别、健康状况等。针对具有不同技能水平、专业优势的社区矫正对象可以开展不同类型的公益活动,发挥社区矫正对象的特长和专业优势,在增加自身价值感的同时也有利于其更好地融入社会。组织公益活动要兼顾社区矫正对象的工作学习情况,以不影响正常工作学习为原则,合理安排服务内容和方式。

组织社区矫正对象参加公益活动的目的是修复社会关系,培养社会责任感。社区矫正机构通过组织社区矫正对象参加公益活动,一方面使社区矫正对象得到社会的认可和接受;另一方面培养社区矫正对象的社会责任感,两个方面相辅相成,互相促进,最终达到使社区矫正对象更好回归,融入社会的目的。

配套

《监狱法》第69条、第73条;《社区矫正法实施办法》第44条

第四十三条 【社会救助、社会保险和法律援助】 社区矫正对象可以按照国家有关规定申请社会救助、参加社会保险、获得法律援助,社区矫正机构应当给予必要的协助。

注解

本条规定了社区矫正对象可以获得的三种救助形式，分别是申请社会救助、参加社会保险、获得法律援助。

一是申请社会救助的依据和范围。根据《社会救助暂行办法》规定，社会救助主要分为以下几类：一是最低生活保障。国家对共同生活的家庭成员人均收入低于当地最低生活保障标准，且符合当地最低生活保障家庭财产状况规定的家庭，给予最低生活保障。二是特困人员供养。国家对无劳动能力、无生活来源且无法定赡养、抚养、扶养义务人，或者其法定赡养、抚养、扶养义务人无赡养、抚养、扶养能力的老年人、残疾人以及未满十六周岁的未成年人，给予特困人员供养。三是受灾人员救助。国家建立健全自然灾害救助制度，对基本生活受到自然灾害严重影响的人员，提供生活救助。四是医疗救助。最低生活保障家庭成员、特困供养人员、县级以上人民政府规定的其他特殊困难人员可以申请相关医疗救助。五是教育救助。国家对在义务教育阶段就学的最低生活保障家庭成员、特困供养人员，给予教育救助。对在高中教育（含中等职业教育）、普通高等教育阶段就学的最低生活保障家庭成员、特困供养人员，以及不能入学接受义务教育的残疾儿童，根据实际情况给予适当教育救助。六是住房救助。国家对符合规定标准的住房困难的最低生活保障家庭、分散供养的特困人员，给予住房救助。七是就业救助。国家对最低生活保障家庭中有劳动能力并处于失业状态的成员，通过贷款贴息、社会保险补贴、岗位补贴、培训补贴、费用减免、公益性岗位安置等办法，给予就业救助。八是临时救助。国家对因火灾、交通事故等意外事件，家庭成员突发重大疾病等原因，导致基本生活暂时出现严重困难的家庭，或者因生活必需支出突然增加超出家庭承受能力，导致基本生活暂时出现严重困难的最低生活保障家庭，以及遭遇其他特殊困难的家庭，给予临时救助。根据规定，符合上述条件的社区矫正对象，可向乡镇人民政府、街道办事处提出申请。

二是参加社会保险的权利。根据《社会保险法》规定，国家建立基本养老保险、基本医疗保险、工伤保险、失业保险、生育保险等社会保险制度，保障公民在年老、疾病、工伤、失业、生育等情况下依法从国家和社会获得物质帮助的权利。中华人民共和国境内的用人单位和个人依法缴纳社会保险费。根据规定，社区矫正对象有工作的，用人单位应依法为其缴纳上述社会保险费用，不得以"社区矫正"为由拒绝给被矫正对象缴纳保险。已缴纳相关保险费用的社区矫正对象，依法享受相关社会保险待遇。

三是获得法律援助的权利。《法律援助法》第三十一条规定，下列事项的当事人，因经济困难没有委托代理人的，可以向法律援助机构申请法律援助：（1）依法请求国家赔偿；（2）请求给予社会保险待遇或者社会救助；（3）请求发给抚恤金；（4）请求给付赡养费、抚养费、扶养费；（5）请求确认劳动关系或者支付劳动报酬；（6）请求认定公民无民事行为能力或者限制民事行为能力；（7）请求工伤事故、交通事故、食品药品安全事故、医疗事故人身损害赔偿；（8）请求环境污染、生态破坏损害赔偿；（9）法律、法规、规章规定的其他情形。《法律援助条例》第十一条、第十二条规定，刑事诉讼中有下列情形之一的，公民可以向法律援助机构申请法律援助：（1）犯罪嫌疑人在被侦查机关第一次讯问后或者采取强制措施之日起，因经济困难没有聘请律师的；（2）公诉案件中的被害人及其法定代理人或者近亲属，自案件移送审查起诉之日起，因经济困难没有委托诉讼代理人的；（3）自诉案件的自诉人及其法定代理人，自案件被人民法院受理之日起，因经济困难没有委托诉讼代理人的。公诉人出庭公诉的案件，被告人因经济困难或者其他原因没有委托辩护人，人民法院为被告人指定辩护时，法律援助机构应当提供法律援助。被告人是盲、聋、哑人或者未成年人而没有委托辩护人的，或者被告人可能被判处死刑而没有委托辩护人的，人民法院为被告人指定辩护时，法律援助机构应当提供法律援助，无须对被告人进行经济状况的审查。根据规定，符合条件的社区矫正对象，可以依照该条例获得法律咨询、代理、刑事辩护等无偿法律服务。

▎配套

《监狱法》第37条；《社会保险法》第2条；《社会救助暂行办法》第2条、第9条、第14条、第20条、第27条；《法律援助法》第31条；《法律援助条例》第10条；《司法部、中央综治办、教育部、民政部、财政部、人力资源社会保障部关于组织社会力量参与社区矫正工作的意见》

第六章 解除和终止

第四十四条 【社区矫正的解除】社区矫正对象矫正期满或者被赦免的,社区矫正机构应当向社区矫正对象发放解除社区矫正证明书,并通知社区矫正决定机关、所在地的人民检察院、公安机关。

应用

22. 解除社区矫正的情形包括哪几种?

根据本条规定,解除社区矫正的情形分为以下两种:

1. 社区矫正期满。根据裁判内容的不同,又可以分为四种情况。(1) 管制期满,即人民法院对罪犯依法判处的管制刑期届满。《刑法》第四十条规定,被判处管制的犯罪分子,管制期满,执行机关应即向本人和其所在单位或者居住地的群众宣布解除管制。(2) 缓刑考验期满。《刑法》第七十六条规定,对宣告缓刑的犯罪分子,在缓刑考验期限内,依法实行社区矫正,如果没有本法第七十七条规定的情形,缓刑考验期满,原判的刑罚就不再执行,并公开予以宣告。(3) 假释考验期满。《刑法》第八十五条规定,对假释的犯罪分子,在假释考验期限内,依法实行社区矫正,如果没有本法第八十六条规定的情形,假释考验期满,就认为原判刑罚已经执行完毕,并公开予以宣告。(4) 暂予监外执行期间刑期届满。暂予监外执行是刑事诉讼法规定的对符合特定条件的罪犯,出于人道主义考虑在监外执行刑罚的措施,没有独立的期限,暂予监外执行期间罪犯被判处的刑期届满的,属于刑罚执行完毕的情形。

2. 社区矫正对象被赦免。赦免是国家对特定罪犯赦免刑罚或者余刑的人道主义制度。《宪法》第六十七条第十八项规定,全国人大常委会决定特赦。第八十条中规定,中华人民共和国主席根据全国人大的决定和全国人大常委会的决定,发布特赦令。《刑法》《刑事诉讼法》《引渡法》等法律中也有关于赦免的规定。

配套

《宪法》第67条第18项、第80条；《刑法》第40条、第76条、第77条、第85条、第86条

第四十五条 【社区矫正的终止】社区矫正对象被裁定撤销缓刑、假释，被决定收监执行，或者社区矫正对象死亡的，社区矫正终止。

应用

23. 社区矫正终止包括哪几种情形？

1. 被宣告缓刑的社区矫正对象被裁定撤销缓刑。《刑法》第七十七条规定："被宣告缓刑的犯罪分子，在缓刑考验期限内犯新罪或者发现判决宣告以前还有其他罪没有判决的，应当撤销缓刑，对新犯的罪或者新发现的罪作出判决，把前罪和后罪所判处的刑罚，依照本法第六十九条的规定，决定执行的刑罚。被宣告缓刑的犯罪分子，在缓刑考验期限内，违反法律、行政法规或者国务院有关部门关于缓刑的监督管理规定，或者违反人民法院判决中的禁止令，情节严重的，应当撤销缓刑，执行原判刑罚。"根据上述规定，被宣告缓刑的社区矫正对象被撤销缓刑的情形包括犯新罪、发现漏罪、违反缓刑监督管理规定或者禁止令情节严重三种情形。这些情形下，自人民法院撤销缓刑的裁判生效之日起，社区矫正终止。

2. 被假释的社区矫正对象被裁定撤销假释。《刑法》第八十六条规定："被假释的犯罪分子，在假释考验期限内犯新罪，应当撤销假释，依照本法第七十一条的规定实行数罪并罚。在假释考验期限内，发现被假释的犯罪分子在判决宣告以前还有其他罪没有判决的，应当撤销假释，依照本法第七十条的规定实行数罪并罚。被假释的犯罪分子，在假释考验期限内，有违反法律、行政法规或者国务院有关部门关于假释的监督管理规定的行为，尚未构成新的犯罪的，应当依照法定程序撤销假释，收监执行未执行完毕的刑罚。"根据上述规定，被假释的社区矫正对象被撤销假释的情形包括犯新罪、发现漏罪、违反假释监督管理规定三种情形。这些情形下，自人民法院撤销假释的裁判生效之日起，社区矫正终止。

3. 暂予监外执行的社区矫正对象被决定收监执行。《刑事诉讼法》第二

百六十八条第一款规定:"对暂予监外执行的罪犯,有下列情形之一的,应当及时收监:(一)发现不符合暂予监外执行条件的;(二)严重违反有关暂予监外执行监督管理规定的;(三)暂予监外执行的情形消失后,罪犯刑期未满的。"刑罚执行机关、人民法院对各自决定暂予监外执行的罪犯应当予以收监执行的,应当及时决定收监执行。自收监执行的决定生效之日起,社区矫正终止。

4. 社区矫正对象死亡。

在上述四种情形下,社区矫正依据的裁判被新的裁判代替,或者社区矫正措施被监禁刑代替,或者因社区矫正对象死亡无法再执行社区矫正。本条规定这些情形下"社区矫正终止",即社区矫正停止并不再进行。

配 套

《刑法》第77条、第86条;《刑事诉讼法》第268条

第四十六条 【撤销缓刑、假释的管辖和提请】社区矫正对象具有刑法规定的撤销缓刑、假释情形的,应当由人民法院撤销缓刑、假释。

对于在考验期限内犯新罪或者发现判决宣告以前还有其他罪没有判决的,应当由审理该案件的人民法院撤销缓刑、假释,并书面通知原审人民法院和执行地社区矫正机构。

对于有第二款规定以外的其他需要撤销缓刑、假释情形的,社区矫正机构应当向原审人民法院或者执行地人民法院提出撤销缓刑、假释建议,并将建议书抄送人民检察院。社区矫正机构提出撤销缓刑、假释建议时,应当说明理由,并提供有关证据材料。

配 套

《刑法》第69条、第70条、第71条、第77条、第86条;《监狱法》第33条第2款;《社区矫正法实施办法》第46—47条;《最高人民法院关于适用〈中华人民共和国刑事诉讼法〉的解释》第542—545条;《最高人民法院、最高人民检察院、公安部、司法部关于进一步加强社区矫正工作衔接配合管理的意见》第16条

第四十七条 【撤销缓刑、假释程序中的逮捕措施】被提请撤销缓刑、假释的社区矫正对象可能逃跑或者可能发生社会危险的,社区矫正机构可以在提出撤销缓刑、假释建议的同时,提请人民法院决定对其予以逮捕。

人民法院应当在四十八小时内作出是否逮捕的决定。决定逮捕的,由公安机关执行。逮捕后的羁押期限不得超过三十日。

配套

《刑事诉讼法》第80条、第81条;《社区矫正法实施办法》第48条;《最高人民法院、最高人民检察院、公安部、司法部关于进一步加强社区矫正工作衔接配合管理的意见》第20条

第四十八条 【撤销缓刑、假释的裁定和执行】人民法院应当在收到社区矫正机构撤销缓刑、假释建议书后三十日内作出裁定,将裁定书送达社区矫正机构和公安机关,并抄送人民检察院。

人民法院拟撤销缓刑、假释的,应当听取社区矫正对象的申辩及其委托的律师的意见。

人民法院裁定撤销缓刑、假释的,公安机关应当及时将社区矫正对象送交监狱或者看守所执行。执行以前被逮捕的,羁押一日折抵刑期一日。

人民法院裁定不予撤销缓刑、假释的,对被逮捕的社区矫正对象,公安机关应当立即予以释放。

注解

被提请撤销缓刑、假释的社区矫正对象有权向人民法院提出申辩;有权委托律师提供法律帮助,包括向人民法院就案件处理提出意见。社区矫正对象委托律师的程序,可以参照刑事诉讼法关于犯罪嫌疑人、被告人委托辩护律师的程序进行。

人民法院拟撤销缓刑、假释的,应当听取社区矫正对象的申辩和律师的

意见。"拟撤销缓刑、假释",是指人民法院经过初步审查,认为社区矫正对象符合撤销缓刑、假释的条件,准备作出撤销缓刑、假释的裁定。如果人民法院初步审查后认为社区矫正对象不符合撤销缓刑、假释条件的,可以直接作出不予撤销缓刑、假释的裁定,不必再听取社区矫正对象的申辩和律师的意见。

配套

《监狱法》第33条第2款;《最高人民法院关于适用〈中华人民共和国刑事诉讼法〉的解释》第543条;《最高人民法院、最高人民检察院、公安部、司法部关于进一步加强社区矫正工作衔接配合管理的意见》第17条、第18条;《人民检察院刑事诉讼规则》第644条

第四十九条 【暂予监外执行的社区矫正对象收监执行程序】 暂予监外执行的社区矫正对象具有刑事诉讼法规定的应当予以收监情形的,社区矫正机构应当向执行地或者原社区矫正决定机关提出收监执行建议,并将建议书抄送人民检察院。

社区矫正决定机关应当在收到建议书后三十日内作出决定,将决定书送达社区矫正机构和公安机关,并抄送人民检察院。

人民法院、公安机关对暂予监外执行的社区矫正对象决定收监执行的,由公安机关立即将社区矫正对象送交监狱或者看守所收监执行。

监狱管理机关对暂予监外执行的社区矫正对象决定收监执行的,监狱应当立即将社区矫正对象收监执行。

应用

24. 人民检察院开展社区矫正监督工作,对于保外就医的社区矫正对象是否符合暂予监外执行条件应如何加强审查?

对于交付社区矫正、变更执行地的保外就医社区矫正对象,检察机关应及时审查是否符合暂予监外执行条件。对于保外就医的职务犯罪、破坏金融管理秩序和金融诈骗犯罪、黑社会性质组织犯罪等社区矫正对象,特别是在监内服刑时间较短、剩余刑期较长的人员,应当予以重点审查。社区矫正期

间,人民检察院应监督社区矫正机构及时掌握暂予监外执行社区矫正对象身体状况及疾病治疗等情况,每三个月审查保外就医社区矫正对象病情复查情况。必要时,人民检察院可以自行组织或者要求社区矫正机构对社区矫正对象重新组织诊断、检查或者鉴别。为保证相关结果客观公正,诊断、检查的医疗机构应当与暂予监外执行社区矫正对象日常就诊的医疗机构不同且不存在利益相关。对于暂予监外执行情形消失的,人民检察院应当及时提出收监执行的检察建议,防止"一保到底",切实维护刑罚执行公平公正。(最高人民检察院检例第132号)

▌配 套

《刑事诉讼法》第264条、第265条、第268条;《监狱法》第28条;《社区矫正法实施办法》第49条;《最高人民法院、最高人民检察院、公安部、司法部关于进一步加强社区矫正工作衔接配合管理的意见》第17条、第18条

第五十条 【追捕】被裁定撤销缓刑、假释和被决定收监执行的社区矫正对象逃跑的,由公安机关追捕,社区矫正机构、有关单位和个人予以协助。

▌注 解

在实践中,社区矫正对象有违反法律、行政法规或者国务院公安部门有关监督管理规定的行为,可能会面临被撤销缓刑、假释,被决定收监执行的后果。有的社区矫正对象为了逃避这种不利后果,会选择逃跑、隐匿等手段逃避刑罚执行,导致撤销缓刑、假释、决定收监执行等相关程序无法顺利进行。为了确保被提请撤销缓刑、假释和被决定收监执行的社区矫正对象能顺利执行刑罚,本法作了一系列规定,如对拟提请撤销缓刑、假释的社区矫正对象可能逃跑或者可能发生社会危险的,社区矫正机构可以在提出撤销缓刑、假释建议的同时,提请人民法院决定对其予以逮捕。社区矫正对象被裁定撤销缓刑、假释和被决定收监执行后,为逃避刑罚执行逃跑的,则根据本条规定由公安机关追捕,社区矫正机构、有关单位和个人予以协助。

本法第四十八条规定,人民法院应当在收到社区矫正机构撤销缓刑、假

释建议书后三十日内作出裁定,将裁定书送达社区矫正机构和公安机关,并抄送人民检察院。人民法院拟撤销缓刑、假释的,应当听取社区矫正对象的申辩及其委托的律师的意见。实践中,被裁定撤销缓刑、假释的社区矫正对象在听取意见程序中可获知与此相关的信息,并很有可能为避免执行原判刑罚而逃跑,导致原判刑罚无法执行。因此,为保证刑罚的顺利执行,本条对被裁定撤销缓刑、假释和被决定收监执行的社区矫正对象逃跑的,作出相应规定。

本条可以从以下两个方面进行理解:

第一,被裁定撤销缓刑、假释和被决定收监执行的社区矫正对象逃跑的,由公安机关实施追捕。主要有以下几点考虑:一是根据本法和现行法律规定,被裁定撤销缓刑、假释和被决定收监执行的,除监狱管理机关对暂予监外执行的社区矫正对象决定收监执行的外,一般由公安机关送交监狱或看守所收监执行。对于逃跑的社区矫正对象,由公安机关实施追捕,更有利于其送监执行刑罚工作的展开,节省司法资源。二是实施追捕涉及采取侦查手段和对公民人身采取强制措施,根据法律规定和公安机关的职能,统一由公安机关行使更为妥当。根据《刑事诉讼法》《公安机关办理刑事案件程序规定》的规定,公安机关有权实施网上追逃等手段,将逃跑的社区矫正对象追捕归案。另外,对于逃跑至外地的社区矫正对象,公安机关有一整套办案协作机制。对异地公安机关提出的协助调查、执行强制措施等协作请求,只要法律手续完备,协作地公安机关就应当及时无条件予以配合,不得收取任何形式的费用。已被决定拘留、逮捕后在逃的,可以通过网上工作平台发布相关信息、拘留证或逮捕证。各地公安机关发现网上逃犯的,应当立即组织抓捕。

第二,对逃跑的社区矫正对象的抓捕工作,社区矫正机构、有关单位和个人应当予以协助。根据本法第四十五条的规定,社区矫正对象被裁定撤销缓刑、假释,被决定收监执行,或者社区矫正对象死亡的,社区矫正终止。社区矫正终止后,社区矫正机构虽然不再需要履行相应的监督管理、教育帮扶等执法职责,但作为社区矫正对象的直接管理者,社区矫正机构掌握社区矫正对象的详细信息。包括在接收社区矫正对象前,为社区矫正决定机关提供参考的社会危险性调查评估意见;在接收社区矫正对象时,办理接收登记、建立档案所掌握的基本信息;在管理过程中,社区矫正机构了解掌握的社区矫正对象的活动情况和行为表现,以及被提请撤销缓刑、假释,被提出收监执行建议的具体原因及情形等。社区矫正机构对上述信息的掌握均有利于公安机关抓捕工作的顺利进行。另外，根据本法规定，社区矫正对象所在的居民委员会、村民委员会应当依法协助社区矫正机构做好社区矫正工作，社区矫正对象的监护人、家庭成员，所在单位或者就读学校也应当协助社区矫正机构做好社区矫正工作。社区矫正机构还应当根据社区矫正对象的情况，为其确定矫正小组，矫正小组可以由司法所、居民委员会、村民委员会的人员，社区矫正对象的监护人、家庭成员，所在单位或者就读学校的人员以及社会工作者、志愿者等组成。上述人员均有可能掌握社区矫正对象的相关信息和逃跑线索，应当对公安机关的抓捕工作予以协助，如发现逃跑的社区矫正对象行踪线索的，应当及时报告，在公安机关实施抓捕时予以协助配合等。在公安机关追捕过程中需要有关单位和个人予以协助，公安机关提出要求，单位和个人也应依法提供相应协助。

配套

《社区矫正法实施办法》第51条

第五十一条 【社区矫正对象死亡的报告和通知】社区矫正对象在社区矫正期间死亡的，其监护人、家庭成员应当及时向社区矫正机构报告。社区矫正机构应当及时通知社区矫正决定机关、所在地的人民检察院、公安机关。

配套

社区矫正对象死亡的，涉及一系列法律后果，相关部门需要作出一系列处理。为保障社区矫正机构及相关部门及时获知社区矫正对象死亡的情况，本条对报告和通知义务作了规定。首先，其监护人、家庭成员应当及时向社区矫正机构报告；其次，社区矫正机构应当及时通知社区矫正决定机关、所在地的人民检察院、公安机关。具体可以从以下两个方面加以理解：

第一，社区矫正对象在社区矫正期间死亡的，其监护人、家庭成员应当及时向社区矫正机构报告。这样规定主要是有两点考虑：一是社区矫正是依法将符合条件的罪犯置于"社区"这一相对开放的环境内进行矫治，有利于充分发挥社会各方面作用，促进罪犯积极改造，顺利融入社会，回归正常生活。在社区矫正期间，社区矫正对象的监护人和家庭成员与其共同生活，对社区矫正对象的身体健康、生活状态和行为动向一般能在第一时间获知;二是社区矫正机构是县级以上地方人民政府根据需要设置的,负责社区矫正工作的具体实施,社区矫正工作人员需履行监督管理、教育帮扶等执法职责。根据本法规定,社区矫正对象的监护人、家庭成员,所在单位或者就读学校应当协助社区矫正机构做好社区矫正工作。在社区矫正机构为社区矫正对象确定矫正小组时,矫正小组可以由司法所、居民委员会、村民委员会的人员,社区矫正对象的监护人、家庭成员,所在单位或者就读学校的人员以及社会工作者、志愿者等组成。因此,社区矫正对象的监护人、家庭成员有义务在社区矫正对象死亡或出现其他意外情形的第一时间告知社区矫正机构。

第二,社区矫正机构应当及时通知社区矫正决定机关、所在地的人民检察院、公安机关。社区矫正工作不仅涉及社区矫正决定机关和社区矫正机构,还需要人民法院、人民检察院和公安机关等部门共同参与、协调配合。

配 套

《社区矫正法实施办法》第52条

第七章 未成年人社区矫正特别规定

第五十二条 【对未成年人社区矫正的一般要求】社区矫正机构应当根据未成年社区矫正对象的年龄、心理特点、发育需要、成长经历、犯罪原因、家庭监护教育条件等情况,采取针对性的矫正措施。

社区矫正机构为未成年社区矫正对象确定矫正小组,应当吸收熟悉未成年人身心特点的人员参加。

对未成年人的社区矫正,应当与成年人分别进行。

注 解

未成年人在个性特征、认识特征、情感特征、意志特征等心理特征、行为特征方面具有不同于成年人的特点,本条对未成年人社区矫正工作的基本原则作出了规定。

本条共分为三款。第一款是关于社区矫正机构应当根据未成年社区矫正对象的特点，采取有针对性的矫正措施的规定。根据未成年社区矫正对象的年龄，是指被实行社区矫正的未成年罪犯一般在十四周岁到十八周岁之间，但根据本法第五十八条规定，未成年社区矫正对象在社区矫正期间年满十八周岁的，继续按照未成年人社区矫正有关规定执行。因此，社区矫正措施和方案应当按照不同年龄阶段的未成年社区矫正对象的不同需求确定，并且采取符合年龄和认知能力的矫正手段。根据未成年社区矫正对象的心理特点、发育需要、成长经历，则是要根据未成年社区矫正对象本身的情况，制定个体化的矫正方案。比如，性别为女性的，应当在矫正小组成员中安排女性，制定方案时应当考虑女性的生理、心理特点；正处在青春期的，则要注意采取青少年更容易接受的方式方法；成长在单亲家庭的，则要注重弥补相应缺乏的关爱，给予其安全感等。根据未成年社区矫正对象的犯罪原因，是指未成年社区矫正对象所犯罪名是不同的，犯罪类型、犯罪情节、社会危险性也是不同的。分析其背后的犯罪原因，有利于找出未成年社区矫正对象犯罪的症结和可能影响矫正进行的问题，从根本上阻断其再犯的可能，促使其顺利回归社会。根据未成年社区矫正对象的家庭监护教育条件，是由于未成年人犯罪往往与家庭结构缺陷、家庭监护教育缺失有关。尽管《未成年人保护法》及相关法律规定了父母或者其他监护人对未成年人的监护职责和抚养义务，但实践中家庭监护教育的问题往往具有隐蔽性。关注未成年社区矫正对象的家庭监护教育条件，一是有利于发现家庭监护教育中出现的问题，及时制止侵害未成年社区矫正对象合法权益的事情；二是对不具备家庭监护教育条件的，社区矫正机构和社区矫正小组等应当及时采取措施，对未成年社区矫正对象给予实际需要的教育和帮助。

第二款是关于社区矫正机构为未成年社区矫正对象确定矫正小组，应当吸收熟悉未成年人身心特点的人员参加的规定。在未成年社区矫正对象的矫正小组成员中，可以在司法所、居民委员会、村民委员会中选择长期从事未成年人社区矫正工作或有长期青少年工作经验的人参与，可以在未成年人所在单位或者就读学校吸收对未成年社区矫正对象比较熟悉的单位同事或学校老师，也可以在社会工作者、志愿者中选择具有法律、心理、教育等专业知识或实践经验的人。这些人员在身份上具有中立性、服务性、帮助性，善于作未成年人的思想工作，容易被社区矫正对象接受和认可，且往往往拥有更为专业的矫正方法，有利于与未成年社区矫正对象的沟通，促进其顺利融入社会。

第三款是关于未成年人社区矫正应当与成年人社区矫正分别进行的规定。未成年社区矫正对象在心理需求、教育水平、就业需要、思想道德等方面具有与成年社区矫正对象明显不同的特点，实行分别矫正的规定，有利于未成年社区矫正对象在接受社区矫正期间免受成年社区矫正对象的影响，防止发生对未成年社区矫正对象的不法侵害，也有利于社区矫正机构制定个性化方案，开展区别于普通社区矫正的矫正活动。

配 套

《未成年人保护法》第113条、第116条；《预防未成年人犯罪法》第42条、第53条；《社区矫正法实施办法》第55条

第五十三条 【监护人责任】 未成年社区矫正对象的监护人应当履行监护责任，承担抚养、管教等义务。

监护人怠于履行监护职责的，社区矫正机构应当督促、教育其履行监护责任。监护人拒不履行监护职责的，通知有关部门依法作出处理。

注 解

《民法典》第二十七条规定："父母是未成年子女的监护人。未成年人的父母已经死亡或者没有监护能力的，由下列有监护能力的人按顺序担任监护人：（一）祖父母、外祖父母；（二）兄、姐；（三）其他愿意担任监护人的个人或者组织，但是须经未成年人住所地的居民委员会、村民委员会或者民政部门同意。"上述规定同样适用于本法中未成年社区矫正对象的监护人。父母具有抚养、教育和保护未成年子女的法定义务，与未成年子女的关系最为密切，对未成年人的健康成长至关重要。基于此，父母无条件地成为未成年社区矫正对象的监护人，在父母死亡或者没有监护能力的情况下，可以由其他个人或有关组织担任监护人。未成年社区矫正对象的监护人往往和未成年社区矫正对象生活在一起，照料他们的衣食住行，未成年社区矫正对象对其有很强的依赖性，监护人最了解他们的行为情况，知悉他们的心理需求，家庭环境和监护人的品性对于未成年社区矫正对象的教育矫正工作有着极其

重要的影响。因此，本条对未成年社区矫正对象的监护人的责任义务作出明确规定。

配套

《民法典》第27条；《未成年人保护法》第15—24条；《预防未成年人犯罪法》第16条

第五十四条 【未成年社区矫正对象相关信息的保密】社区矫正机构工作人员和其他依法参与社区矫正工作的人员对履行职责过程中获得的未成年人身份信息应当予以保密。

除司法机关办案需要或者有关单位根据国家规定查询外，未成年社区矫正对象的档案信息不得提供给任何单位或者个人。依法进行查询的单位，应当对获得的信息予以保密。

注解

未成年犯罪人身份信息保密制度是刑事司法保护未成年人权益的一项重要措施。根据本法规定，在依法开展未成年人社区矫正工作过程中，必然会获得未成年社区矫正对象的身份信息，这是正常工作需要，但为防止未成年社区矫正对象相关信息被违法泄露，对其今后就学、就业和正常生活造成不利影响，应当对未成年社区矫正对象的身份信息予以保密，这对他们以后的成长和回归社会，以及对他们的教育矫正，都具有重大意义。主要从以下两个方面来进行规范：一是明确保密主体是社区矫正机构工作人员和其他依法参与社区矫正工作的人员。二是强调保密内容是履行职责过程中获得的未成年人身份信息。根据《未成年人保护法》《预防未成年人犯罪法》的相关规定，未成年人身份信息是指未成年人的姓名、住所、照片、图像和其他可能推断出该未成年人的资料。社区矫正机构工作人员和其他依法参与社区矫正工作的人员，在履行监督管理、教育帮扶等职责过程中所获得的未成年社区矫正对象上述资料均应予保密，不得向新闻媒体、网络公司、影视机构、出版机构等提供。

本条同时规定了可以对未成年社区矫正对象档案信息查询的两种例外情形：一是司法机关为办理案件需要可以查询。司法机关出于办理具体案件需要，可以从未成年社区矫正对象档案信息中获取线索、查实案件情况。二是有关单位根据国家规定可以查询。这里的"国家规定"有严格限定,必须按照《刑法》第九十六条的规定把握,即仅指全国人民代表大会及其常务委员会制定的法律和决定,国务院制定的行政法规、规定的行政措施、发布的决定和命令,不包括部门规章和地方性法规。现行有效的《公务员法》《法官法》《检察官法》《人民警察法》《律师法》《教师法》《执业医师法》等法律,对曾受过刑事处罚的人就业作出严格的限制性规定,上述职业都涉及重要的社会公共利益,相关部门可以依法进行查询。依法进行查询的单位,应当对获得的档案信息予以保密,其经查询获取的信息只能用于特定事项、特定范围。

配 套

《刑事诉讼法》第286条;《未成年人保护法》第72条;《预防未成年人犯罪法》第59条

第五十五条 【就学就业】对未完成义务教育的未成年社区矫正对象,社区矫正机构应当通知并配合教育部门为其完成义务教育提供条件。未成年社区矫正对象的监护人应当依法保证其按时入学接受并完成义务教育。

年满十六周岁的社区矫正对象有就业意愿的,社区矫正机构可以协调有关部门和单位为其提供职业技能培训,给予就业指导和帮助。

注 解

年满十六周岁且具有就业意愿的社区矫正对象有权获得就业帮助。《宪法》规定,中华人民共和国公民有劳动的权利和义务。《劳动法》规定,禁止用人单位招用未满十六周岁的未成年人,劳动者享有接受职业技能培训的权利。国家通过各种途径,创造劳动就业条件,加强劳动保护,改善劳动条件,并在发展生产的基础上,提高劳动报酬和福利待遇。国家应对就业前的公民进行必要的劳动就业训练。对于部分已经完成义务教育,年满十六周岁且具有就业意愿的社区矫正对象应依法保障他们获得劳动就业训练的权利。

> 配套

《宪法》第19条、第46条;《义务教育法》第2条、第5条、第21条

第五十六条 【有关组织的责任】共产主义青年团、妇女联合会、未成年人保护组织应当依法协助社区矫正机构做好未成年人社区矫正工作。

国家鼓励其他未成年人相关社会组织参与未成年人社区矫正工作,依法给予政策支持。

> 注解

共青团、妇联和未成年人保护组织是未成年人社区矫正工作的重要力量。未成年人是祖国的未来,民族的希望,做好未成年人社区矫正工作,保护他们健康成长是全社会义不容辞的共同责任。根据《未成年人保护法》规定,共产主义青年团、妇女联合会、工会、残疾人联合会、关心下一代工作委员会、青年联合会、学生联合会、少年先锋队以及其他人民团体、有关社会组织,应当协助各级人民政府及其有关部门、人民检察院、人民法院做好未成年人保护工作,维护未成年人合法权益。全社会应当树立关心、爱护未成年人的良好风尚。国家鼓励、支持和引导人民团体、企业事业单位、社会组织以及其他组织和个人,开展有利于未成年人健康成长的社会活动和服务。

共青团、妇联和未成年人保护组织应当依法协助社区矫正机构做好未成年人社区矫正工作。未成年社区矫正对象是未成年人工作中的特殊群体,需要共青团、妇联和未成年人保护组织充分发挥各自作用,协助做好未成年人社区矫正工作。《未成年人保护法》《预防未成年人犯罪法》等相关法律法规中,已经对共青团、妇联和未成年人保护组织做好未成年人工作的相关职责作出了规定。本法中除本条规定外,有关条款也明确了共青团、妇联和未成年保护组织的职责。比如,根据本法第二十五条规定,共青团、妇联和未成年人保护组织的工作人员可以参加矫正小组,还可以通过推荐符合条件的人员以志愿者的身份加入矫正小组,帮助社区矫正机构落实相应的矫正方案。本法第三十五条规定,县级以上地方人民政府及其有关部门应当通过多种形式为教育帮扶社区矫正对象提供必要的场所和条件,组织动员社会力量参与教育帮扶工作。

> 配套

《未成年人保护法》第10条、第42条

第五十七条 【就学就业不受歧视】未成年社区矫正对象在复学、升学、就业等方面依法享有与其他未成年人同等的权利,任何单位和个人不得歧视。有歧视行为的,应当由教育、人力资源和社会保障等部门依法作出处理。

> 配套

《宪法》第42条、第46条;《义务教育法》第4条、第29条;《劳动法》第15条、第94条;《就业促进法》第3条、第62条

第五十八条 【矫正期间成年的继续适用相关规定】未成年社区矫正对象在社区矫正期间年满十八周岁的,继续按照未成年人社区矫正有关规定执行。

> 注解

未成年人年满十八周岁后实际上有个过渡阶段,辨认能力和控制能力并不完全成熟。矫正期间年满十八周岁的社区矫正对象仍属于青少年时期,犯罪恶习不深,具有较大的可塑性,易于接受教育、感化,需要并应当获得全社会的支持和保护。对于未成年社区矫正对象在社区矫正期间年满十八周岁的,仍按未成年人对待,继续执行根据社区矫正对象的年龄、心理特点、发育需要、成长经历、犯罪原因、家庭监护教育条件等情况,采取的有针对性矫正措施;有就业意愿的,社区矫正机构可以协调有关部门和单位为其提供职业技能培训,给予就业指导和帮助;按照未成年社区矫正对象在复学、升学、就业等方面依法享有与其他未成年人同等权利的规定,对年满十八周岁未成年社区矫正对象的平等就业权利予以保障,任何单位和个人不得歧视等。

对于在诉讼过程中年满十八周岁的社区矫正对象决定执行社区矫正后,从有利于接受教育改造、回归社会的社区矫正制度价值和意义出发,考虑到刚满十八周岁的社区矫正对象会面临就学、就业等现实问题,仍可以按照未成年社区矫正对象作为重点矫正对象管理,给予区别对待的规定执行。

对于未成年时期犯罪,成年后犯罪行为才被发现的罪犯,应当按照成年

犯罪社区矫正规定执行，不应再按照未成年社区矫正对象对待，也无必要按照本章特别规定给予特别的教育帮扶。

配套

《刑法》第38条、第73条、第83条

第八章 法律责任

第五十九条 【社区矫正对象违反监管规定的处理】社区矫正对象在社区矫正期间有违反监督管理规定行为的，由公安机关依照《中华人民共和国治安管理处罚法》的规定给予处罚；具有撤销缓刑、假释或者暂予监外执行收监情形的，应当依法作出处理。

配套

《刑法》第38条、第39条、第75条、第77条、第84条、第86条；《刑事诉讼法》第268条；《治安管理处罚法》第60条；《最高人民法院关于适用〈中华人民共和国刑事诉讼法〉的解释》第516条

第六十条 【社区矫正对象报复等违法行为的法律责任】社区矫正对象殴打、威胁、侮辱、骚扰、报复社区矫正机构工作人员和其他依法参与社区矫正工作的人员及其近亲属，构成犯罪的，依法追究刑事责任；尚不构成犯罪的，由公安机关依法给予治安管理处罚。

注解

本条保护的是社区矫正机构和其他依法参与社区矫正工作人员及其近亲属的人身安全。对社区矫正对象有殴打、威胁、侮辱、骚扰、报复社区矫正机构工作人员和其他依法参与社区矫正工作的人员及其近亲属等行为的，由公安机关依照《治安管理处罚法》给予拘留、罚款等处罚。构成犯罪的，依法追究刑事责任。

(1) 殴打,是指使用暴力侵害社区矫正机构工作人员和其他依法参与社区矫正机构工作人员及其近亲属人身安全的行为。这种行为可能构成故意伤害罪、故意杀人罪。

(2) 威胁,是指对社区矫正机构工作人员和其他依法参与社区矫正工作的人员及其近亲属施以威胁、恐吓,进行精神上的强制,迫使社区矫正工作人员不能正当行使监督管理职责或者教育帮扶工作。威胁方法包括当面直接威胁,也包括采用其他间接的威胁方法,如打恐吓电话、寄恐吓信件;扬言使用暴力,或以杀害、毁坏财产、报复家人、破坏名誉等相威胁。

(3) 侮辱,是指以暴力、语言、文字等方法侮辱他人。语言侮辱,如当众用恶毒刻薄的语言嘲笑、辱骂社区矫正机构工作人员和其他依法参与社区矫正工作的人员及其近亲属,使其当众出丑,散布被害人的生活隐私、生理缺陷等;文字侮辱,如贴传单、漫画、书刊或者采取其他公开的文字等方式诋毁社区矫正机构工作人员和其他依法参与社区矫正工作人员及其近亲属的人格尊严。随着信息网络的普及和发展,利用互联网侮辱他人的行为也不断增多,通过网络对社区矫正机构工作人员和其他依法参与社区矫正工作的人员及其近亲属进行辱骂攻击、发布涉及社区矫正机构工作人员和其他依法参与社区矫正工作的人员及其近亲属的隐私信息或图片、捏造损害其人格、名誉的事实等。这类行为借助互联网传播快、范围广,往往会造成更大的伤害。

(4) 骚扰,是指通过无故多次拨打电话、发送短信等形式,扰乱社区矫正机构工作人员和其他依法参与社区矫正工作的人员及其近亲属正常工作生活的行为。

(5) 报复,是指对社区矫正机构工作人员监督管理、教育帮扶等心有不满,采取暴力、胁迫、进行检举举报等方式,侵害社区矫正机构工作人员和其他依法参与社区矫正的工作人员及其近亲属合法权益的行为。

配套

《刑法》第232条、第234条、第242条、第277条;《治安管理处罚法》第2条、第42条、第43条;《社区矫正法实施办法》第56条

第六十一条 【相关国家工作人员的法律责任】社区矫正机构工作人员和其他国家工作人员有下列行为之一的,应当给予处

分；构成犯罪的，依法追究刑事责任：

（一）利用职务或者工作便利索取、收受贿赂的；

（二）不履行法定职责的；

（三）体罚、虐待社区矫正对象，或者违反法律规定限制或者变相限制社区矫正对象的人身自由的；

（四）泄露社区矫正工作秘密或者其他依法应当保密的信息的；

（五）对依法申诉、控告或者检举的社区矫正对象进行打击报复的；

（六）有其他违纪违法行为的。

> 配 套

《宪法》第 41 条；《监察法》第 45 条；《刑法》第 232 条、第 234 条、第 238 条、第 253 条之一、第 383 条、第 385 条、第 386 条、第 397 条、第 398 条；《保守国家秘密法》第 3 条、第 9 条、第 26 条

第六十二条　【检察机关的监督责任】人民检察院发现社区矫正工作违反法律规定的，应当依法提出纠正意见、检察建议。有关单位应当将采纳纠正意见、检察建议的情况书面回复人民检察院，没有采纳的应当说明理由。

> 注 解

人民检察院发现社区矫正工作有违反《社区矫正法》等法律法规情形，如有违反本法第三章决定和接收、第六章解除和终止等规定，发生侵害社区矫正对象权利情形的，人民检察院应当依照相关法律规定提出纠正意见、检察建议。

有关单位应当按照人民检察院提出的纠正意见、检察建议改进工作。对于纠正意见、检察建议的采纳情况，要以书面形式回复作出意见和建议的人民检察院。如果没有采纳意见建议，也应当向人民检察院说明不予采纳的理由。

配 套

《宪法》第134条;《人民检察院组织法》第2条、第21条;《社区矫正法实施办法》第57条

第九章 附 则

第六十三条 【施行日期】 本法自2020年7月1日起施行。

配 套 法 规

中华人民共和国社区矫正法实施办法

(2020年6月18日 司发通〔2020〕59号)

第一条 为了推进和规范社区矫正工作,根据《中华人民共和国刑法》《中华人民共和国刑事诉讼法》《中华人民共和国社区矫正法》等有关法律规定,制定本办法。

第二条 社区矫正工作坚持党的绝对领导,实行党委政府统一领导、司法行政机关组织实施、相关部门密切配合、社会力量广泛参与、检察机关法律监督的领导体制和工作机制。

第三条 地方人民政府根据需要设立社区矫正委员会,负责统筹协调和指导本行政区域内的社区矫正工作。

司法行政机关向社区矫正委员会报告社区矫正工作开展情况,提请社区矫正委员会协调解决社区矫正工作中的问题。

第四条 司法行政机关依法履行以下职责:

(一)主管本行政区域内社区矫正工作;

(二)对本行政区域内设置和撤销社区矫正机构提出意见;

(三)拟定社区矫正工作发展规划和管理制度,监督检查社区矫正法律法规和政策的执行情况;

(四)推动社会力量参与社区矫正工作;

(五)指导支持社区矫正机构提高信息化水平;

(六)对在社区矫正工作中作出突出贡献的组织、个人,按照国家有关规定给予表彰、奖励;

（七）协调推进高素质社区矫正工作队伍建设；

（八）其他依法应当履行的职责。

第五条 人民法院依法履行以下职责：

（一）拟判处管制、宣告缓刑、决定暂予监外执行的，可以委托社区矫正机构或者有关社会组织对被告人或者罪犯的社会危险性和对所居住社区的影响，进行调查评估，提出意见，供决定社区矫正时参考；

（二）对执行机关报请假释的，审查执行机关移送的罪犯假释后对所居住社区影响的调查评估意见；

（三）核实并确定社区矫正执行地；

（四）对被告人或者罪犯依法判处管制、宣告缓刑、裁定假释、决定暂予监外执行；

（五）对社区矫正对象进行教育，及时通知并送达法律文书；

（六）对符合撤销缓刑、撤销假释或者暂予监外执行收监执行条件的社区矫正对象，作出判决、裁定和决定；

（七）对社区矫正机构提请逮捕的，及时作出是否逮捕的决定；

（八）根据社区矫正机构提出的减刑建议作出裁定；

（九）其他依法应当履行的职责。

第六条 人民检察院依法履行以下职责：

（一）对社区矫正决定机关、社区矫正机构或者有关社会组织的调查评估活动实行法律监督；

（二）对社区矫正决定机关判处管制、宣告缓刑、裁定假释、决定或者批准暂予监外执行活动实行法律监督；

（三）对社区矫正法律文书及社区矫正对象交付执行活动实行法律监督；

（四）对监督管理、教育帮扶社区矫正对象的活动实行法律监督；

（五）对变更刑事执行、解除矫正和终止矫正的活动实行法律监督；

（六）受理申诉、控告和举报，维护社区矫正对象的合法权益；

（七）按照刑事诉讼法的规定，在对社区矫正实行法律监督中发现司法工作人员相关职务犯罪，可以立案侦查直接受理的案件；

（八）其他依法应当履行的职责。

第七条　公安机关依法履行以下职责：

（一）对看守所留所服刑罪犯拟暂予监外执行的，可以委托开展调查评估；

（二）对看守所留所服刑罪犯拟暂予监外执行的，核实并确定社区矫正执行地；对符合暂予监外执行条件的，批准暂予监外执行；对符合收监执行条件的，作出收监执行的决定；

（三）对看守所留所服刑罪犯批准暂予监外执行的，进行教育，及时通知并送达法律文书；依法将社区矫正对象交付执行；

（四）对社区矫正对象予以治安管理处罚；到场处置经社区矫正机构制止无效，正在实施违反监督管理规定或者违反人民法院禁止令等违法行为的社区矫正对象；协助社区矫正机构处置突发事件；

（五）协助社区矫正机构查找失去联系的社区矫正对象；执行人民法院作出的逮捕决定；被裁定撤销缓刑、撤销假释和被决定收监执行的社区矫正对象逃跑的，予以追捕；

（六）对裁定撤销缓刑、撤销假释，或者对人民法院、公安机关决定暂予监外执行收监的社区矫正对象，送交看守所或者监狱执行；

（七）执行限制社区矫正对象出境的措施；

（八）其他依法应当履行的职责。

第八条　监狱管理机关以及监狱依法履行以下职责：

（一）对监狱关押罪犯拟提请假释的，应当委托进行调查评估；对监狱关押罪犯拟暂予监外执行的，可以委托进行调查评估；

（二）对监狱关押罪犯拟暂予监外执行的，依法核实并确定社区矫正执行地；对符合暂予监外执行条件的，监狱管理机关作出暂予监外执行决定；

（三）对监狱关押罪犯批准暂予监外执行的，进行教育，及时通知并送达法律文书；依法将社区矫正对象交付执行；

（四）监狱管理机关对暂予监外执行罪犯决定收监执行的，原服刑或者接收其档案的监狱应当立即将罪犯收监执行；

（五）其他依法应当履行的职责。

第九条 社区矫正机构是县级以上地方人民政府根据需要设置的，负责社区矫正工作具体实施的执行机关。社区矫正机构依法履行以下职责：

（一）接受委托进行调查评估，提出评估意见；

（二）接收社区矫正对象，核对法律文书、核实身份、办理接收登记，建立档案；

（三）组织入矫和解矫宣告，办理入矫和解矫手续；

（四）建立矫正小组、组织矫正小组开展工作，制定和落实矫正方案；

（五）对社区矫正对象进行监督管理，实施考核奖惩；审批会客、外出、变更执行地等事项；了解掌握社区矫正对象的活动情况和行为表现；组织查找失去联系的社区矫正对象，查找后依情形作出处理；

（六）提出治安管理处罚建议，提出减刑、撤销缓刑、撤销假释、收监执行等变更刑事执行建议，依法提请逮捕；

（七）对社区矫正对象进行教育帮扶，开展法治道德等教育，协调有关方面开展职业技能培训、就业指导，组织公益活动等事项；

（八）向有关机关通报社区矫正对象情况，送达法律文书；

（九）对社区矫正工作人员开展管理、监督、培训，落实职业保障；

（十）其他依法应当履行的职责。

设置和撤销社区矫正机构，由县级以上地方人民政府司法行政部门提出意见，按照规定的权限和程序审批。社区矫正日常工作由县级社区矫正机构具体承担；未设置县级社区矫正机构的，由上一级社区矫正机构具体承担。省、市两级社区矫正机构主要负责监督指导、跨区域执法的组织协调以及与同级社区矫正决定机关对接的案件办理工作。

第十条 司法所根据社区矫正机构的委托，承担社区矫正相关工作。

第十一条 社区矫正机构依法加强信息化建设，运用现代信息技术开展监督管理和教育帮扶。

社区矫正工作相关部门之间依法进行信息共享，人民法院、人民检察院、公安机关、司法行政机关依法建立完善社区矫正信息交换平台，实现业务协同、互联互通，运用现代信息技术及时准确传输交换有关法律文书，根据需要实时查询社区矫正对象交付接收、监督管理、教育帮扶、脱离监管、被治安管理处罚、被采取强制措施、变更刑事执行、办理再犯罪案件等情况，共享社区矫正工作动态信息，提高社区矫正信息化水平。

第十二条 对拟适用社区矫正的，社区矫正决定机关应当核实社区矫正对象的居住地。社区矫正对象在多个地方居住的，可以确定经常居住地为执行地。没有居住地，居住地、经常居住地无法确定或者不适宜执行社区矫正的，应当根据有利于社区矫正对象接受矫正、更好地融入社会的原则，确定社区矫正执行地。被确定为执行地的社区矫正机构应当及时接收。

社区矫正对象的居住地是指其实际居住的县（市、区）。社区矫正对象的经常居住地是指其经常居住的，有固定住所、固定生活来源的县（市、区）。

社区矫正对象应如实提供其居住、户籍等情况，并提供必要的证明材料。

第十三条 社区矫正决定机关对拟适用社区矫正的被告人、罪犯，需要调查其社会危险性和对所居住社区影响的，可以委托拟确定为执行地的社区矫正机构或者有关社会组织进行调查评估。社区矫正机构或者有关社会组织收到委托文书后应当及时通知执行地县级人民检察院。

第十四条 社区矫正机构、有关社会组织接受委托后，应当对被告人或者罪犯的居所情况、家庭和社会关系、犯罪行为的后果和影响、居住地村（居）民委员会和被害人意见、拟禁止的事项、社会危险性、对所居住社区的影响等情况进行调查了解，形成调查评估意见，与相关材料一起提交委托机关。调查评估时，相关单位、部门、村（居）民委员会等组织、个人应当依法为调查评估提供必要的协助。

社区矫正机构、有关社会组织应当自收到调查评估委托函及所附材料之日起十个工作日内完成调查评估，提交评估意见。对于适用刑事案件速裁程序的，应当在五个工作日内完成调查评估，提交评估意见。评估意见同时抄送执行地县级人民检察院。需要延长调查评估时限的，社区矫正机构、有关社会组织应当与委托机关协商，并在协商确定的期限内完成调查评估。因被告人或者罪犯的姓名、居住地不真实、身份不明等原因，社区矫正机构、有关社会组织无法进行调查评估的，应当及时向委托机关说明情况。社区矫正决定机关对调查评估意见的采信情况，应当在相关法律文书中说明。

对调查评估意见以及调查中涉及的国家秘密、商业秘密、个人隐私等信息，应当保密，不得泄露。

第十五条 社区矫正决定机关应当对社区矫正对象进行教育，书面告知其到执行地县级社区矫正机构报到的时间期限以及逾期报到或者未报到的后果，责令其按时报到。

第十六条 社区矫正决定机关应当自判决、裁定或者决定生效之日起五日内通知执行地县级社区矫正机构，并在十日内将判决书、裁定书、决定书、执行通知书等法律文书送达执行地县级社区矫正机构，同时抄送人民检察院。收到法律文书后，社区矫正机构应当在五日内送达回执。

社区矫正对象前来报到时，执行地县级社区矫正机构未收到法律文书或者法律文书不齐全，应当先记录在案，为其办理登记接收手续，并通知社区矫正决定机关在五日内送达或者补齐法律文书。

第十七条 被判处管制、宣告缓刑、裁定假释的社区矫正对象到执行地县级社区矫正机构报到时，社区矫正机构应当核对法律文书、核实身份，办理登记接收手续。对社区矫正对象存在因行动不便、自行报到确有困难等特殊情况的，社区矫正机构可以派员到其居住地等场所办理登记接收手续。

暂予监外执行的社区矫正对象，由公安机关、监狱或者看守所依法移送至执行地县级社区矫正机构，办理交付接收手续。罪犯原服刑地与居住地不在同一省、自治区、直辖市，需要回居住地暂予监外执行的，原服刑地的省级以上监狱管理机关或者设区的市一级以上公安机关应当书面通知罪犯居住地的监狱管理机关、公安机关，由其指定一所监狱、看守所接收社区矫正对象档案，负责办理其收监、刑满释放等手续。对看守所留所服刑罪犯暂予监外执行，原服刑地与居住地在同一省、自治区、直辖市的，可以不移交档案。

第十八条　执行地县级社区矫正机构接收社区矫正对象后，应当建立社区矫正档案，包括以下内容：

（一）适用社区矫正的法律文书；

（二）接收、监管审批、奖惩、收监执行、解除矫正、终止矫正等有关社区矫正执行活动的法律文书；

（三）进行社区矫正的工作记录；

（四）社区矫正对象接受社区矫正的其他相关材料。

接受委托对社区矫正对象进行日常管理的司法所应当建立工作档案。

第十九条　执行地县级社区矫正机构、受委托的司法所应当为社区矫正对象确定矫正小组，与矫正小组签订矫正责任书，明确矫正小组成员的责任和义务，负责落实矫正方案。

矫正小组主要开展下列工作：

（一）按照矫正方案，开展个案矫正工作；

（二）督促社区矫正对象遵纪守法，遵守社区矫正规定；

（三）参与对社区矫正对象的考核评议和教育活动；

（四）对社区矫正对象走访谈话，了解其思想、工作和生活情况，及时向社区矫正机构或者司法所报告；

（五）协助对社区矫正对象进行监督管理和教育帮扶；

（六）协助社区矫正机构或者司法所开展其他工作。

第二十条　执行地县级社区矫正机构接收社区矫正对象后，应当组织或者委托司法所组织入矫宣告。

入矫宣告包括以下内容：

（一）判决书、裁定书、决定书、执行通知书等有关法律文书的主要内容；

（二）社区矫正期限；

（三）社区矫正对象应当遵守的规定、被剥夺或者限制行使的权利、被禁止的事项以及违反规定的法律后果；

（四）社区矫正对象依法享有的权利；

（五）矫正小组人员组成及职责；

（六）其他有关事项。

宣告由社区矫正机构或者司法所的工作人员主持，矫正小组成员及其他相关人员到场，按照规定程序进行。宣告后，社区矫正对象应当在书面材料上签字，确认已经了解所宣告的内容。

第二十一条　社区矫正机构应当根据社区矫正对象被判处管制、宣告缓刑、假释和暂予监外执行的不同裁判内容和犯罪类型、矫正阶段、再犯罪风险等情况，进行综合评估，划分不同类别，实施分类管理。

社区矫正机构应当把社区矫正对象的考核结果和奖惩情况作为分类管理的依据。

社区矫正机构对不同类别的社区矫正对象，在矫正措施和方法上应当有所区别，有针对性地开展监督管理和教育帮扶工作。

第二十二条　执行地县级社区矫正机构、受委托的司法所要根据社区矫正对象的性别、年龄、心理特点、健康状况、犯罪原因、悔罪表现等具体情况，制定矫正方案，有针对性地消除社区矫正对象可能重新犯罪的因素，帮助其成为守法公民。

矫正方案应当包括社区矫正对象基本情况、对社区矫正对象的综合评估结果、对社区矫正对象的心理状态和其他特殊情况的分析、拟采取的监督管理、教育帮扶措施等内容。

矫正方案应当根据分类管理的要求、实施效果以及社区矫正对象的表现等情况，相应调整。

第二十三条　执行地县级社区矫正机构、受委托的司法所应当根据社区矫正对象的个人生活、工作及所处社区的实际情况，有针对性地采取通信联络、信息化核查、实地查访等措施，了解掌握社区矫正对象的活动情况和行为表现。

第二十四条　社区矫正对象应当按照有关规定和社区矫正机构的要求，定期报告遵纪守法、接受监督管理、参加教育学习、公益活动和社会活动等情况。发生居所变化、工作变动、家庭重大变故以及接触对其矫正可能产生不利影响人员等情况时，应当及时报告。被宣告禁止令的社区矫正对象应当定期报告遵守禁止令的情况。

暂予监外执行的社区矫正对象应当每个月报告本人身体情况。保外就医的，应当到省级人民政府指定的医院检查，每三个月向执行地县级社区矫正机构、受委托的司法所提交病情复查情况。执行地县级社区矫正机构根据社区矫正对象的病情及保证人等情况，可以调整报告身体情况和提交复查情况的期限。延长一个月至三个月以下的，报上一级社区矫正机构批准；延长三个月以上的，逐级上报省级社区矫正机构批准。批准延长的，执行地县级社区矫正机构应当及时通报同级人民检察院。

社区矫正机构根据工作需要，可以协调对暂予监外执行的社区矫正对象进行病情诊断、妊娠检查或者生活不能自理的鉴别。

第二十五条　未经执行地县级社区矫正机构批准，社区矫正对象不得接触其犯罪案件中的被害人、控告人、举报人，不得接触同案犯等可能诱发其再犯罪的人。

第二十六条　社区矫正对象未经批准不得离开所居住市、县。确有正当理由需要离开的，应当经执行地县级社区矫正机构或者受委托的司法所批准。

社区矫正对象外出的正当理由是指就医、就学、参与诉讼、处理家庭或者工作重要事务等。

前款规定的市是指直辖市的城市市区、设区的市的城市市区和县级市的辖区。在设区的同一市内跨区活动的，不属于离开所居住的市、县。

第二十七条 社区矫正对象确需离开所居住的市、县的，一般应当提前三日提交书面申请，并如实提供诊断证明、单位证明、入学证明、法律文书等材料。

申请外出时间在七日内的，经执行地县级社区矫正机构委托，可以由司法所批准，并报执行地县级社区矫正机构备案；超过七日的，由执行地县级社区矫正机构批准。执行地县级社区矫正机构每次批准外出的时间不超过三十日。

因特殊情况确需外出超过三十日的，或者两个月内外出时间累计超过三十日的，应报上一级社区矫正机构审批。上一级社区矫正机构批准社区矫正对象外出的，执行地县级社区矫正机构应当及时通报同级人民检察院。

第二十八条 在社区矫正对象外出期间，执行地县级社区矫正机构、受委托的司法所应当通过电话通讯、实时视频等方式实施监督管理。

执行地县级社区矫正机构根据需要，可以协商外出目的地社区矫正机构协助监督管理，并要求社区矫正对象在到达和离开时向当地社区矫正机构报告，接受监督管理。外出目的地社区矫正机构在社区矫正对象报告后，可以通过电话通讯、实地查访等方式协助监督管理。

社区矫正对象应在外出期限届满前返回居住地，并向执行地县级社区矫正机构或者司法所报告，办理手续。因特殊原因无法按期返回的，应及时向社区矫正机构或者司法所报告情况。发现社区矫正对象违反外出管理规定的，社区矫正机构应当责令其立即返回，并视情节依法予以处理。

第二十九条 社区矫正对象确因正常工作和生活需要经常性跨

市、县活动的，应当由本人提出书面申请，写明理由、经常性去往市县名称、时间、频次等，同时提供相应证明，由执行地县级社区矫正机构批准，批准一次的有效期为六个月。在批准的期限内，社区矫正对象到批准市、县活动的，可以通过电话、微信等方式报告活动情况。到期后，社区矫正对象仍需要经常性跨市、县活动的，应当重新提出申请。

　　第三十条　社区矫正对象因工作、居所变化等原因需要变更执行地的，一般应当提前一个月提出书面申请，并提供相应证明材料，由受委托的司法所签署意见后报执行地县级社区矫正机构审批。

　　执行地县级社区矫正机构收到申请后，应当在五日内书面征求新执行地县级社区矫正机构的意见。新执行地县级社区矫正机构接到征求意见函后，应当在五日内核实有关情况，作出是否同意接收的意见并书面回复。执行地县级社区矫正机构根据回复意见，作出决定。执行地县级社区矫正机构对新执行地县级社区矫正机构的回复意见有异议的，可以报上一级社区矫正机构协调解决。

　　经审核，执行地县级社区矫正机构不同意变更执行地的，应在决定作出之日起五日内告知社区矫正对象。同意变更执行地的，应对社区矫正对象进行教育，书面告知其到新执行地县级社区矫正机构报到的时间期限以及逾期报到或者未报到的后果，责令其按时报到。

　　第三十一条　同意变更执行地的，原执行地县级社区矫正机构应当在作出决定之日起五日内，将有关法律文书和档案材料移交新执行地县级社区矫正机构，并将有关法律文书抄送社区矫正决定机关和原执行地县级人民检察院、公安机关。新执行地县级社区矫正机构收到法律文书和档案材料后，在五日内送达回执，并将有关法律文书抄送所在地县级人民检察院、公安机关。

　　同意变更执行地的，社区矫正对象应当自收到变更执行地决定之日起七日内，到新执行地县级社区矫正机构报到。新执行地县级社区矫正机构应当核实身份、办理登记接收手续。发现社区矫正对象未按规定时间报到的，新执行地县级社区矫正机构应当立即通知原执行地县级社区矫正机构，由原执行地县级社区矫正机构组织查找。未及时办理交付接收，造成社区矫正对象脱管漏管的，原执行地社区矫正机构会同新执行地社区矫正机构妥善处置。

对公安机关、监狱管理机关批准暂予监外执行的社区矫正对象变更执行地的，公安机关、监狱管理机关在收到社区矫正机构送达的法律文书后，应与新执行地同级公安机关、监狱管理机关办理交接。新执行地的公安机关、监狱管理机关应指定一所看守所、监狱接收社区矫正对象档案，负责办理其收监、刑满释放等手续。看守所、监狱在接收档案之日起五日内，应当将有关情况通报新执行地县级社区矫正机构。对公安机关批准暂予监外执行的社区矫正对象在同一省、自治区、直辖市变更执行地的，可以不移交档案。

第三十二条　社区矫正机构应当根据有关法律法规、部门规章和其他规范性文件，建立内容全面、程序合理、易于操作的社区矫正对象考核奖惩制度。

社区矫正机构、受委托的司法所应当根据社区矫正对象认罪悔罪、遵守有关规定、服从监督管理、接受教育等情况，定期对其考核。对于符合表扬条件、具备训诫、警告情形的社区矫正对象，经执行地县级社区矫正机构决定，可以给予其相应奖励或者处罚，作出书面决定。对于涉嫌违反治安管理行为的社区矫正对象，执行地县级社区矫正机构可以向同级公安机关提出建议。社区矫正机构奖励或者处罚的书面决定应当抄送人民检察院。

社区矫正对象的考核结果与奖惩应当书面通知其本人，定期公示，记入档案，做到准确及时、公开公平。社区矫正对象对考核奖惩提出异议的，执行地县级社区矫正机构应当及时处理，并将处理结果告知社区矫正对象。社区矫正对象对处理结果仍有异议的，可以向人民检察院提出。

第三十三条　社区矫正对象认罪悔罪、遵守法律法规、服从监督管理、接受教育表现突出的，应当给予表扬。

社区矫正对象接受社区矫正六个月以上并且同时符合下列条件

的，执行地县级社区矫正机构可以给予表扬：

（一）服从人民法院判决，认罪悔罪；

（二）遵守法律法规；

（三）遵守关于报告、会客、外出、迁居等规定，服从社区矫正机构的管理；

（四）积极参加教育学习等活动，接受教育矫正的。

社区矫正对象接受社区矫正期间，有见义勇为、抢险救灾等突出表现，或者帮助他人、服务社会等突出事迹的，执行地县级社区矫正机构可以给予表扬。对于符合法定减刑条件的，由执行地县级社区矫正机构依照本办法第四十二条的规定，提出减刑建议。

第三十四条 社区矫正对象具有下列情形之一的，执行地县级社区矫正机构应当给予训诫：

（一）不按规定时间报到或者接受社区矫正期间脱离监管，未超过十日的；

（二）违反关于报告、会客、外出、迁居等规定，情节轻微的；

（三）不按规定参加教育学习等活动，经教育仍不改正的；

（四）其他违反监督管理规定，情节轻微的。

第三十五条 社区矫正对象具有下列情形之一的，执行地县级社区矫正机构应当给予警告：

（一）违反人民法院禁止令，情节轻微的；

（二）不按规定时间报到或者接受社区矫正期间脱离监管，超过十日的；

（三）违反关于报告、会客、外出、迁居等规定，情节较重的；

（四）保外就医的社区矫正对象无正当理由不按时提交病情复查情况，经教育仍不改正的；

（五）受到社区矫正机构两次训诫，仍不改正的；

（六）其他违反监督管理规定，情节较重的。

第三十六条 社区矫正对象违反监督管理规定或者人民法院禁止令，依法应予治安管理处罚的，执行地县级社区矫正机构应当及时提请同级公安机关依法给予处罚，并向执行地同级人民检察院抄送治安管理处罚建议书副本，及时通知处理结果。

第三十七条　电子定位装置是指运用卫星等定位技术，能对社区矫正对象进行定位等监管，并具有防拆、防爆、防水等性能的专门的电子设备，如电子定位腕带等，但不包括手机等设备。

对社区矫正对象采取电子定位装置进行监督管理的，应当告知社区矫正对象监管的期限、要求以及违反监管规定的后果。

第三十八条　发现社区矫正对象失去联系的，社区矫正机构应当立即组织查找，可以采取通信联络、信息化核查、实地查访等方式查找，查找时要做好记录，固定证据。查找不到的，社区矫正机构应当及时通知公安机关，公安机关应当协助查找。社区矫正机构应当及时将组织查找的情况通报人民检察院。

查找到社区矫正对象后，社区矫正机构应当根据其脱离监管的情形，给予相应处置。虽能查找到社区矫正对象下落但其拒绝接受监督管理的，社区矫正机构应当视情节依法提请公安机关予以治安管理处罚，或者依法提请撤销缓刑、撤销假释、对暂予监外执行的收监执行。

第三十九条　社区矫正机构根据执行禁止令的需要，可以协调有关的部门、单位、场所、个人协助配合执行禁止令。

对禁止令确定需经批准才能进入的特定区域或者场所，社区矫正对象确需进入的，应当经执行地县级社区矫正机构批准，并通知原审人民法院和执行地县级人民检察院。

第四十条　发现社区矫正对象有违反监督管理规定或者人民法院禁止令等违法情形的，执行地县级社区矫正机构应当调查核实情况，收集有关证据材料，提出处理意见。

社区矫正机构发现社区矫正对象有撤销缓刑、撤销假释或者暂予监外执行收监执行的法定情形的，应当组织开展调查取证工作，依法向社区矫正决定机关提出撤销缓刑、撤销假释或者暂予监外执行收监执行建议，并将建议书抄送同级人民检察院。

第四十一条　社区矫正对象被依法决定行政拘留、司法拘留、强制隔离戒毒等或者因涉嫌犯新罪、发现判决宣告前还有其他罪没有判决被采取强制措施的，决定机关应当自作出决定之日起三日内将有关情况通知执行地县级社区矫正机构和执行地县级人民检察院。

第四十二条　社区矫正对象符合法定减刑条件的，由执行地县级社区矫正机构提出减刑建议书并附相关证据材料，报经地（市）社区矫正机构审核同意后，由地（市）社区矫正机构提请执行地的中级人民法院裁定。

依法应由高级人民法院裁定的减刑案件，由执行地县级社区矫正机构提出减刑建议书并附相关证据材料，逐级上报省级社区矫正机构审核同意后，由省级社区矫正机构提请执行地的高级人民法院裁定。

人民法院应当自收到减刑建议书和相关证据材料之日起三十日内依法裁定。

社区矫正机构减刑建议书和人民法院减刑裁定书副本，应当同时抄送社区矫正执行地同级人民检察院、公安机关及罪犯原服刑或者接收其档案的监狱。

第四十三条　社区矫正机构、受委托的司法所应当充分利用地方人民政府及其有关部门提供的教育帮扶场所和有关条件，按照因人施教的原则，有针对性地对社区矫正对象开展教育矫正活动。

社区矫正机构、司法所应当根据社区矫正对象的矫正阶段、犯罪类型、现实表现等实际情况，对其实施分类教育；应当结合社区矫正对象的个体特征、日常表现等具体情况，进行个别教育。

社区矫正机构、司法所根据需要可以采用集中教育、网上培训、实地参观等多种形式开展集体教育；组织社区矫正对象参加法治、道德等方面的教育活动；根据社区矫正对象的心理健康状况，对其开展心理健康教育、实施心理辅导。

社区矫正机构、司法所可以通过公开择优购买服务或者委托社会组织执行项目等方式，对社区矫正对象开展教育活动。

第四十四条　执行地县级社区矫正机构、受委托的司法所按照符合社会公共利益的原则，可以根据社区矫正对象的劳动能力、健康状况等情况，组织社区矫正对象参加公益活动。

第四十五条　执行地县级社区矫正机构、受委托的司法所依法协调有关部门和单位，根据职责分工，对遇到暂时生活困难的社区矫正对象提供临时救助；对就业困难的社区矫正对象提供职业技能培训和就业指导；帮助符合条件的社区矫正对象落实社会保障措施；协助在就学、法律援助等方面遇到困难的社区矫正对象解决问题。

第四十六条　社区矫正对象在缓刑考验期内，有下列情形之一的，由执行地同级社区矫正机构提出撤销缓刑建议：

（一）违反禁止令，情节严重的；

（二）无正当理由不按规定时间报到或者接受社区矫正期间脱离监管，超过一个月的；

（三）因违反监督管理规定受到治安管理处罚，仍不改正的；

（四）受到社区矫正机构两次警告，仍不改正的；

（五）其他违反有关法律、行政法规和监督管理规定，情节严重的情形。

社区矫正机构一般向原审人民法院提出撤销缓刑建议。如果原审人民法院与执行地同级社区矫正机构不在同一省、自治区、直辖市的，可以向执行地人民法院提出建议，执行地人民法院作出裁定的，裁定书同时抄送原审人民法院。

社区矫正机构撤销缓刑建议书和人民法院的裁定书副本同时抄送社区矫正执行地同级人民检察院。

第四十七条　社区矫正对象在假释考验期内，有下列情形之一的，由执行地同级社区矫正机构提出撤销假释建议：

（一）无正当理由不按规定时间报到或者接受社区矫正期间脱离监管，超过一个月的；

（二）受到社区矫正机构两次警告，仍不改正的；

（三）其他违反有关法律、行政法规和监督管理规定，尚未构成新的犯罪的。

社区矫正机构一般向原审人民法院提出撤销假释建议。如果原审人民法院与执行地同级社区矫正机构不在同一省、自治区、直辖市的，可以向执行地人民法院提出建议，执行地人民法院作出裁定的，裁定书同时抄送原审人民法院。

社区矫正机构撤销假释的建议书和人民法院的裁定书副本同时抄送社区矫正执行地同级人民检察院、公安机关、罪犯原服刑或者接收其档案的监狱。

第四十八条 被提请撤销缓刑、撤销假释的社区矫正对象具备下列情形之一的，社区矫正机构在提出撤销缓刑、撤销假释建议书的同时，提请人民法院决定对其予以逮捕：

（一）可能逃跑的；

（二）具有危害国家安全、公共安全、社会秩序或者他人人身安全现实危险的；

（三）可能对被害人、举报人、控告人或者社区矫正机构工作人员等实施报复行为的；

（四）可能实施新的犯罪的。

社区矫正机构提请人民法院决定逮捕社区矫正对象时，应当提供相应证据，移送人民法院审查决定。

社区矫正机构提请逮捕、人民法院作出是否逮捕决定的法律文书，应当同时抄送执行地县级人民检察院。

第四十九条 暂予监外执行的社区矫正对象有下列情形之一的，由执行地县级社区矫正机构提出收监执行建议：

（一）不符合暂予监外执行条件的；

（二）未经社区矫正机构批准擅自离开居住的市、县，经警告拒不改正，或者拒不报告行踪，脱离监管的；

（三）因违反监督管理规定受到治安管理处罚，仍不改正的；

（四）受到社区矫正机构两次警告的；

（五）保外就医期间不按规定提交病情复查情况，经警告拒不改正的；

（六）暂予监外执行的情形消失后，刑期未满的；

（七）保证人丧失保证条件或者因不履行义务被取消保证人资格，不能在规定期限内提出新的保证人的；

（八）其他违反有关法律、行政法规和监督管理规定，情节严重的情形。

社区矫正机构一般向执行地社区矫正决定机关提出收监执行建议。如果原社区矫正决定机关与执行地县级社区矫正机构在同一省、自治区、直辖市的，可以向原社区矫正决定机关提出建议。

社区矫正机构的收监执行建议书和决定机关的决定书，应当同时抄送执行地县级人民检察院。

第五十条 人民法院裁定撤销缓刑、撤销假释或者决定暂予监外执行收监执行的，由执行地县级公安机关本着就近、便利、安全的原则，送交社区矫正对象执行地所属的省、自治区、直辖市管辖范围内的看守所或者监狱执行刑罚。

公安机关决定暂予监外执行收监执行的，由执行地县级公安机关送交存放或者接收罪犯档案的看守所收监执行。

监狱管理机关决定暂予监外执行收监执行的，由存放或者接收罪犯档案的监狱收监执行。

第五十一条 撤销缓刑、撤销假释的裁定和收监执行的决定生效后，社区矫正对象下落不明的，应当认定为在逃。

被裁定撤销缓刑、撤销假释和被决定收监执行的社区矫正对象在逃的，由执行地县级公安机关负责追捕。撤销缓刑、撤销假释裁定书和对暂予监外执行罪犯收监执行决定书，可以作为公安机关追逃依据。

第五十二条 社区矫正机构应当建立突发事件处置机制，发现社区矫正对象非正常死亡、涉嫌实施犯罪、参与群体性事件的，应当立即与公安机关等有关部门协调联动、妥善处置，并将有关情况及时报告上一级社区矫正机构，同时通报执行地人民检察院。

第五十三条 社区矫正对象矫正期限届满，且在社区矫正期间没有应当撤销缓刑、撤销假释或者暂予监外执行收监执行情形的，社区矫正机构依法办理解除矫正手续。

社区矫正对象一般应当在社区矫正期满三十日前，作出个人总结，执行地县级社区矫正机构应当根据其在接受社区矫正期间的表现等情况作出书面鉴定，与安置帮教工作部门做好衔接工作。

执行地县级社区矫正机构应当向社区矫正对象发放解除社区矫正证明书，并书面通知社区矫正决定机关，同时抄送执行地县级人民检察院和公安机关。

公安机关、监狱管理机关决定暂予监外执行的社区矫正对象刑期届满的，由看守所、监狱依法为其办理刑满释放手续。

社区矫正对象被赦免的，社区矫正机构应当向社区矫正对象发放解除社区矫正证明书，依法办理解除矫正手续。

第五十四条 社区矫正对象矫正期满，执行地县级社区矫正机构或者受委托的司法所可以组织解除矫正宣告。

解矫宣告包括以下内容：

（一）宣读对社区矫正对象的鉴定意见；

（二）宣布社区矫正期限届满，依法解除社区矫正；

（三）对判处管制的，宣布执行期满，解除管制；对宣告缓刑的，宣布缓刑考验期满，原判刑罚不再执行；对裁定假释的，宣布考验期满，原判刑罚执行完毕。

宣告由社区矫正机构或者司法所工作人员主持，矫正小组成员及其他相关人员到场，按照规定程序进行。

第五十五条 社区矫正机构、受委托的司法所应当根据未成年社区矫正对象的年龄、心理特点、发育需要、成长经历、犯罪原因、家庭监护教育条件等情况，制定适应未成年人特点的矫正方案，采取有益于其身心健康发展、融入正常社会生活的矫正措施。

社区矫正机构、司法所对未成年社区矫正对象的相关信息应当保密。对未成年社区矫正对象的考核奖惩和宣告不公开进行。对未成年社区矫正对象进行宣告或者处罚时，应通知其监护人到场。

社区矫正机构、司法所应当选任熟悉未成年人身心特点,具有法律、教育、心理等专业知识的人员负责未成年人社区矫正工作,并通过加强培训、管理,提高专业化水平。

第五十六条 社区矫正工作人员的人身安全和职业尊严受法律保护。

对任何干涉社区矫正工作人员执法的行为,社区矫正工作人员有权拒绝,并按照规定如实记录和报告。对于侵犯社区矫正工作人员权利的行为,社区矫正工作人员有权提出控告。

社区矫正工作人员因依法履行职责遭受不实举报、诬告陷害、侮辱诽谤,致使名誉受到损害的,有关部门或者个人应当及时澄清事实,消除不良影响,并依法追究相关单位或者个人的责任。

对社区矫正工作人员追究法律责任,应当根据其行为的危害程度、造成的后果、以及责任大小予以确定,实事求是,过罚相当。社区矫正工作人员依法履职的,不能仅因社区矫正对象再犯罪而追究其法律责任。

第五十七条 有关单位对人民检察院的书面纠正意见在规定的期限内没有回复纠正情况的,人民检察院应当督促回复。经督促被监督单位仍不回复或者没有正当理由不纠正的,人民检察院应当向上一级人民检察院报告。

有关单位对人民检察院的检察建议在规定的期限内经督促无正当理由不予整改或者整改不到位的,检察机关可以将相关情况报告上级人民检察院,通报被建议单位的上级机关、行政主管部门或者行业自律组织等,必要时可以报告同级党委、人大,通报同级政府、纪检监察机关。

第五十八条 本办法所称"以上""内",包括本数;"以下""超过",不包括本数。

第五十九条 本办法自2020年7月1日起施行。最高人民法院、最高人民检察院、公安部、司法部2012年1月10日印发的《社区矫正实施办法》(司发通〔2012〕12号)同时废止。

中华人民共和国刑法（节录）

（1979年7月1日第五届全国人民代表大会第二次会议通过　1997年3月14日第八届全国人民代表大会第五次会议修订　根据1998年12月29日第九届全国人民代表大会常务委员会第六次会议通过的《全国人民代表大会常务委员会关于惩治骗购外汇、逃汇和非法买卖外汇犯罪的决定》、1999年12月25日第九届全国人民代表大会常务委员会第十三次会议通过的《中华人民共和国刑法修正案》、2001年8月31日第九届全国人民代表大会常务委员会第二十三次会议通过的《中华人民共和国刑法修正案（二）》、2001年12月29日第九届全国人民代表大会常务委员会第二十五次会议通过的《中华人民共和国刑法修正案（三）》、2002年12月28日第九届全国人民代表大会常务委员会第三十一次会议通过的《中华人民共和国刑法修正案（四）》、2005年2月28日第十届全国人民代表大会常务委员会第十四次会议通过的《中华人民共和国刑法修正案（五）》、2006年6月29日第十届全国人民代表大会常务委员会第二十二次会议通过的《中华人民共和国刑法修正案（六）》、2009年2月28日第十一届全国人民代表大会常务委员会第七次会议通过的《中华人民共和国刑法修正案（七）》、2009年8月27日第十一届全国人民代表大会常务委员会第十次会议通过的《全国人民代表大会常务委员会关于修改部分法律的决定》、2011年2月25日第十一届全国人民代表大会常务委员会第十九次会议通过的《中华人民共和国刑法修正案（八）》、2015年8月29日第十二届全国人民代表大会常务委员会第十六次会议通过的《中华人民共和国刑法修正案（九）》、2017 年 11 月 4 日第十二届全国人民代表大会常务委员会第三十次会议通过的《中华人民共和国刑法修正案（十）》和 2020 年 12 月 26 日第十三届全国人民代表大会常务委员会第二十四次会议通过的《中华人民共和国刑法修正案（十一）》修正)①

……

第十七条　【刑事责任年龄】已满十六周岁的人犯罪，应当负刑事责任。

已满十四周岁不满十六周岁的人，犯故意杀人、故意伤害致人重伤或者死亡、强奸、抢劫、贩卖毒品、放火、爆炸、投放危险物质罪的，应当负刑事责任。

已满十二周岁不满十四周岁的人，犯故意杀人、故意伤害罪，致人死亡或者以特别残忍手段致人重伤造成严重残疾，情节恶劣，经最高人民检察院核准追诉的，应当负刑事责任。

对依照前三款规定追究刑事责任的不满十八周岁的人，应当从轻或者减轻处罚。

因不满十六周岁不予刑事处罚的，责令其父母或者其他监护人加以管教；在必要的时候，依法进行专门矫治教育。②

……

---

① 刑法、历次刑法修正案、涉及修改刑法的决定的施行日期，分别依据各法律所规定的施行日期确定。

② 根据 2020 年 12 月 26 日《中华人民共和国刑法修正案（十一）》修改。原条文为："已满十六周岁的人犯罪，应当负刑事责任。

"已满十四周岁不满十六周岁的人，犯故意杀人、故意伤害致人重伤或者死亡、强奸、抢劫、贩卖毒品、放火、爆炸、投毒罪的，应当负刑事责任。

"已满十四周岁不满十八周岁的人犯罪，应当从轻或者减轻处罚。

"因不满十六周岁不予刑事处罚的，责令他的家长或者监护人加以管教；在必要的时候，也可以由政府收容教养。"

第三十八条 【管制的期限与执行机关】管制的期限,为三个月以上二年以下。

判处管制,可以根据犯罪情况,同时禁止犯罪分子在执行期间从事特定活动,进入特定区域、场所,接触特定的人。①

对判处管制的犯罪分子,依法实行社区矫正。②

违反第二款规定的禁止令的,由公安机关依照《中华人民共和国治安管理处罚法》的规定处罚。③

第三十九条 【被管制罪犯的义务与权利】被判处管制的犯罪分子,在执行期间,应当遵守下列规定:

(一)遵守法律、行政法规,服从监督;

(二)未经执行机关批准,不得行使言论、出版、集会、结社、游行、示威自由的权利;

(三)按照执行机关规定报告自己的活动情况;

(四)遵守执行机关关于会客的规定;

(五)离开所居住的市、县或者迁居,应当报经执行机关批准。

对于被判处管制的犯罪分子,在劳动中应当同工同酬。

第四十条 【管制期满解除】被判处管制的犯罪分子,管制期满,执行机关应即向本人和其所在单位或者居住地的群众宣布解除管制。

第四十一条 【管制刑期的计算和折抵】管制的刑期,从判决执行之日起计算;判决执行以前先行羁押的,羁押一日折抵刑期二日。

……

---

① 根据 2011 年 2 月 25 日《中华人民共和国刑法修正案(八)》增加一款,作为第二款。

② 根据 2011 年 2 月 25 日《中华人民共和国刑法修正案(八)》修改。原条文为:"被判处管制的犯罪分子,由公安机关执行。"

③ 根据 2011 年 2 月 25 日《中华人民共和国刑法修正案(八)》增加一款,作为第四款。

第七十二条 【缓刑的适用条件】对于被判处拘役、三年以下有期徒刑的犯罪分子，同时符合下列条件的，可以宣告缓刑，对其中不满十八周岁的人、怀孕的妇女和已满七十五周岁的人，应当宣告缓刑：

（一）犯罪情节较轻；

（二）有悔罪表现；

（三）没有再犯罪的危险；

（四）宣告缓刑对所居住社区没有重大不良影响。

宣告缓刑，可以根据犯罪情况，同时禁止犯罪分子在缓刑考验期限内从事特定活动，进入特定区域、场所，接触特定的人。

被宣告缓刑的犯罪分子，如果被判处附加刑，附加刑仍须执行。①

第七十三条 【缓刑的考验期限】拘役的缓刑考验期限为原判刑期以上一年以下，但是不能少于二个月。

有期徒刑的缓刑考验期限为原判刑期以上五年以下，但是不能少于一年。

缓刑考验期限，从判决确定之日起计算。

第七十四条 【累犯不适用缓刑】对于累犯和犯罪集团的首要分子，不适用缓刑。②

第七十五条 【缓刑犯应遵守的规定】被宣告缓刑的犯罪分子，应当遵守下列规定：

（一）遵守法律、行政法规，服从监督；

（二）按照考察机关的规定报告自己的活动情况；

（三）遵守考察机关关于会客的规定；

---

① 根据2011年2月25日《中华人民共和国刑法修正案（八）》修改。原条文为："对于被判处拘役、三年以下有期徒刑的犯罪分子，根据犯罪分子的犯罪情节和悔罪表现，适用缓刑确实不致再危害社会的，可以宣告缓刑。

"被宣告缓刑的犯罪分子，如果被判处附加刑，附加刑仍须执行。"

② 根据2011年2月25日《中华人民共和国刑法修正案（八）》修改。原条文为："对于累犯，不适用缓刑。"

（四）离开所居住的市、县或者迁居，应当报经考察机关批准。

第七十六条 【缓刑的考验及其积极后果】对宣告缓刑的犯罪分子，在缓刑考验期限内，依法实行社区矫正，如果没有本法第七十七条规定的情形，缓刑考验期满，原判的刑罚就不再执行，并公开予以宣告。①

第七十七条 【缓刑的撤销及其处理】被宣告缓刑的犯罪分子，在缓刑考验期限内犯新罪或者发现判决宣告以前还有其他罪没有判决，应当撤销缓刑，对新犯的罪或者新发现的罪作出判决，把前罪和后罪所判处的刑罚，依照本法第六十九条的规定，决定执行的刑罚。

被宣告缓刑的犯罪分子，在缓刑考验期限内，违反法律、行政法规或者国务院有关部门关于缓刑的监督管理规定，或者违反人民法院判决中的禁止令，情节严重的，应当撤销缓刑，执行原判刑罚。②

……

第八十一条 【假释的适用条件】被判处有期徒刑的犯罪分子，执行原判刑期二分之一以上，被判处无期徒刑的犯罪分子，实际执行十三年以上，如果认真遵守监规，接受教育改造，确有悔改表现，没有再犯罪的危险的，可以假释。如果有特殊情况，经最高人民法院核准，可以不受上述执行刑期的限制。

对累犯以及因故意杀人、强奸、抢劫、绑架、放火、爆炸、投放危险物质或者有组织的暴力性犯罪被判处十年以上有期徒刑、无期徒刑的犯罪分子，不得假释。

---

① 根据2011年2月25日《中华人民共和国刑法修正案（八）》修改。原条文为：＂被宣告缓刑的犯罪分子，在缓刑考验期限内，由公安机关考察，所在单位或者基层组织予以配合，如果没有本法第七十七条规定的情形，缓刑考验期满，原判的刑罚就不再执行，并公开予以宣告。＂

② 根据2011年2月25日《中华人民共和国刑法修正案（八）》修改。原第二款条文为：＂被宣告缓刑的犯罪分子，在缓刑考验期限内，违反法律、行政法规或者国务院公安部门有关缓刑的监督管理规定，情节严重的，应当撤销缓刑，执行原判刑罚。＂

对犯罪分子决定假释时，应当考虑其假释后对所居住社区的影响。①

第八十二条 【假释的程序】对于犯罪分子的假释，依照本法第七十九条规定的程序进行。非经法定程序不得假释。

第八十三条 【假释的考验期限】有期徒刑的假释考验期限，为没有执行完毕的刑期；无期徒刑的假释考验期限为十年。

假释考验期限，从假释之日起计算。

第八十四条 【假释犯应遵守的规定】被宣告假释的犯罪分子，应当遵守下列规定：

（一）遵守法律、行政法规，服从监督；

（二）按照监督机关的规定报告自己的活动情况；

（三）遵守监督机关关于会客的规定；

（四）离开所居住的市、县或者迁居，应当报经监督机关批准。

第八十五条 【假释考验及其积极后果】对假释的犯罪分子，在假释考验期限内，依法实行社区矫正，如果没有本法第八十六条规定的情形，假释考验期满，就认为原判刑罚已经执行完毕，并公开予以宣告。②

第八十六条 【假释的撤销及其处理】被假释的犯罪分子，在假释考验期限内犯新罪，应当撤销假释，依照本法第七十一条的规

---

① 根据 2011 年 2 月 25 日《中华人民共和国刑法修正案（八）》修改。原条文为："被判处有期徒刑的犯罪分子，执行原判刑期二分之一以上，被判处无期徒刑的犯罪分子，实际执行十年以上，如果认真遵守监规，接受教育改造，确有悔改表现，假释后不致再危害社会的，可以假释。如果有特殊情况，经最高人民法院核准，可以不受上述执行刑期的限制。

"对累犯以及因杀人、爆炸、抢劫、强奸、绑架等暴力性犯罪被判处十年以上有期徒刑、无期徒刑的犯罪分子，不得假释。"

② 根据 2011 年 2 月 25 日《中华人民共和国刑法修正案（八）》修改。原条文为："被假释的犯罪分子，在假释考验期限内，由公安机关予以监督，如果没有本法第八十六条规定的情形，假释考验期满，就认为原判刑罚已经执行完毕，并公开予以宣告。"

定实行数罪并罚。

在假释考验期限内,发现被假释的犯罪分子在判决宣告以前还有其他罪没有判决的,应当撤销假释,依照本法第七十条的规定实行数罪并罚。

被假释的犯罪分子,在假释考验期限内,有违反法律、行政法规或者国务院有关部门关于假释的监督管理规定的行为,尚未构成新的犯罪的,应当依照法定程序撤销假释,收监执行未执行完毕的刑罚。①

……

中华人民共和国刑事诉讼法(节录)

(1979年7月1日第五届全国人民代表大会第二次会议通过 根据1996年3月17日第八届全国人民代表大会第四次会议《关于修改〈中华人民共和国刑事诉讼法〉的决定》第一次修正 根据2012年3月14日第十一届全国人民代表大会第五次会议《关于修改〈中华人民共和国刑事诉讼法〉的决定》第二次修正 根据2018年10月26日第十三届全国人民代表大会常务委员会第六次会议《关于修改〈中华人民共和国刑事诉讼法〉的决定》第三次修正)

……

第二百六十五条 【暂予监外执行的法定情形和决定程序】对被判处有期徒刑或者拘役的罪犯,有下列情形之一的,可以暂予监

---

① 根据2011年2月25日《中华人民共和国刑法修正案(八)》修改。原第三款条文为:"被假释的犯罪分子,在假释考验期限内,有违反法律、行政法规或者国务院公安部门有关假释的监督管理规定的行为,尚未构成新的犯罪的,应当依照法定程序撤销假释,收监执行未执行完毕的刑罚。"

外执行：

（一）有严重疾病需要保外就医的；

（二）怀孕或者正在哺乳自己婴儿的妇女；

（三）生活不能自理，适用暂予监外执行不致危害社会的。

对被判处无期徒刑的罪犯，有前款第二项规定情形的，可以暂予监外执行。

对适用保外就医可能有社会危险性的罪犯，或者自伤自残的罪犯，不得保外就医。

对罪犯确有严重疾病，必须保外就医的，由省级人民政府指定的医院诊断并开具证明文件。

在交付执行前，暂予监外执行由交付执行的人民法院决定；在交付执行后，暂予监外执行由监狱或者看守所提出书面意见，报省级以上监狱管理机关或者设区的市一级以上公安机关批准。

第二百六十六条 【检察院对暂予监外执行的监督】监狱、看守所提出暂予监外执行的书面意见的，应当将书面意见的副本抄送人民检察院。人民检察院可以向决定或者批准机关提出书面意见。

第二百六十七条 【对暂予监外执行的重新核查】决定或者批准暂予监外执行的机关应当将暂予监外执行决定抄送人民检察院。人民检察院认为暂予监外执行不当的，应当自接到通知之日起一个月以内将书面意见送交决定或者批准暂予监外执行的机关，决定或者批准暂予监外执行的机关接到人民检察院的书面意见后，应当立即对该决定进行重新核查。

第二百六十八条 【暂予监外执行的收监、不计入执行刑期的情形及罪犯死亡的通知】对暂予监外执行的罪犯，有下列情形之一的，应当及时收监：

（一）发现不符合暂予监外执行条件的；

（二）严重违反有关暂予监外执行监督管理规定的；

（三）暂予监外执行的情形消失后，罪犯刑期未满的。

对于人民法院决定暂予监外执行的罪犯应当予以收监的，由人民法院作出决定,将有关的法律文书送达公安机关、监狱或者其他执行机关。

不符合暂予监外执行条件的罪犯通过贿赂等非法手段被暂予监外执行的,在监外执行的期间不计入执行刑期。罪犯在暂予监外执行期间脱逃的,脱逃的期间不计入执行刑期。

罪犯在暂予监外执行期间死亡的,执行机关应当及时通知监狱或者看守所。

第二百六十九条 【对管制、缓刑、假释或暂予监外执行罪犯的社区矫正】对被判处管制、宣告缓刑、假释或者暂予监外执行的罪犯,依法实行社区矫正,由社区矫正机构负责执行。

……

第二百七十三条 【对新罪、漏罪的处理及减刑、假释的程序】罪犯在服刑期间又犯罪的,或者发现了判决的时候所没有发现的罪行,由执行机关移送人民检察院处理。

被判处管制、拘役、有期徒刑或者无期徒刑的罪犯,在执行期间确有悔改或者立功表现,应当依法予以减刑、假释的时候,由执行机关提出建议书,报请人民法院审核裁定,并将建议书副本抄送人民检察院。人民检察院可以向人民法院提出书面意见。

第二百七十四条 【检察院对减刑、假释的监督】人民检察院认为人民法院减刑、假释的裁定不当,应当在收到裁定书副本后二十日以内,向人民法院提出书面纠正意见。人民法院应当在收到纠正意见后一个月以内重新组成合议庭进行审理,作出最终裁定。

……

第二百八十三条 【对附条件不起诉未成年犯罪嫌疑人的监督考察】在附条件不起诉的考验期内,由人民检察院对被附条件不起诉的未成年犯罪嫌疑人进行监督考察。未成年犯罪嫌疑人的监护人,应当对未成年犯罪嫌疑人加强管教,配合人民检察院做好监督考察工作。

附条件不起诉的考验期为六个月以上一年以下,从人民检察院作出附条件不起诉的决定之日起计算。

被附条件不起诉的未成年犯罪嫌疑人，应当遵守下列规定：

（一）遵守法律法规，服从监督；

（二）按照考察机关的规定报告自己的活动情况；

（三）离开所居住的市、县或者迁居，应当报经考察机关批准；

（四）按照考察机关的要求接受矫治和教育。

……

中华人民共和国监狱法（节录）

（1994年12月29日第八届全国人民代表大会常务委员会第十一次会议通过　根据2012年10月26日第十一届全国人民代表大会常务委员会第二十九次会议《关于修改〈中华人民共和国监狱法〉的决定》修正）

……

第二十五条　对于被判处无期徒刑、有期徒刑在监内服刑的罪犯，符合刑事诉讼法规定的监外执行条件的，可以暂予监外执行。

第二十六条　暂予监外执行，由监狱提出书面意见，报省、自治区、直辖市监狱管理机关批准。批准机关应当将批准的暂予监外执行决定通知公安机关和原判人民法院，并抄送人民检察院。

人民检察院认为对罪犯适用暂予监外执行不当的，应当自接到通知之日起一个月内将书面意见送交批准暂予监外执行的机关，批准暂予监外执行的机关接到人民检察院的书面意见后，应当立即对该决定进行重新核查。

第二十七条　对暂予监外执行的罪犯，依法实行社区矫正，由社区矫正机构负责执行。原关押监狱应当及时将罪犯在监内改造情况通报负责执行的社区矫正机构。

第二十八条 暂予监外执行的罪犯具有刑事诉讼法规定的应当收监的情形的，社区矫正机构应当及时通知监狱收监；刑期届满的，由原关押监狱办理释放手续。罪犯在暂予监外执行期间死亡的，社区矫正机构应当及时通知原关押监狱。

……

最高人民法院、最高人民检察院、公安部、司法部关于全面推进社区矫正工作的意见

（2014年8月27日 司发〔2014〕13号）

各省、自治区、直辖市高级人民法院、人民检察院、公安厅（局）、司法厅（局），新疆维吾尔自治区高级人民法院生产建设兵团分院、新疆生产建设兵团人民检察院、公安局、司法局、监狱局：

党的十八届三中全会通过的《中共中央关于全面深化改革若干重大问题的决定》明确提出，要"健全社区矫正制度"。今年4月21日，习近平总书记在听取司法部工作汇报时明确指出，社区矫正已在试点的基础上全面推开，新情况新问题会不断出现。要持续跟踪完善社区矫正制度，加快推进立法，理顺工作体制机制，加强矫正机构和队伍建设，切实提高社区矫正工作水平。习近平总书记的重要指示，充分肯定了社区矫正工作取得的成绩，对社区矫正工作的目标、任务、措施等作了全面论述，提出了明确要求，为进一步做好社区矫正工作、完善社区矫正制度指明了方向。今年5月27日，最高人民法院、最高人民检察院、公安部、司法部联合召开了全国社区矫正工作会议，中央政治局委员、中央政法委书记孟建柱同志出席会议并作了重要讲话，对全面推进社区矫正工作提出了明

确要求，对做好社区矫正工作具有重要指导意义。要认真学习领会习近平总书记重要指示和孟建柱同志重要讲话精神，切实抓好贯彻落实。现就全面推进社区矫正工作提出如下意见：

一、充分认识全面推进社区矫正工作的重要性和必要性

社区矫正是一项重要的非监禁刑罚执行制度，是宽严相济刑事政策在刑罚执行方面的重要体现，充分体现了社会主义法治教育人、改造人的优越性。在党中央、国务院正确领导下，我国从2003年开始社区矫正试点，2005年扩大试点，2009年全面试行。十多年来，社区矫正工作有序推进，发展顺利，取得了良好的法律效果和社会效果。目前，社区矫正具备了较好的工作基础，法律制度初步确立，领导体制和工作机制逐步完善，机构队伍建设明显加强，保障能力进一步增强，社会参与积极性不断提高，社区矫正法已经列入立法规划，全面推进社区矫正工作的时机和条件已经成熟。全面推进社区矫正，健全社区矫正制度，是维护社会和谐稳定、推进平安中国建设的迫切要求，是完善刑罚执行制度，推进司法体制改革的必然要求，是体现国家尊重和保障人权、贯彻宽严相济刑事政策的内在要求。要切实增强政治意识、大局意识和责任意识，认真做好社区矫正工作，健全社区矫正制度，更好地发挥其在维护社会和谐稳定、推进平安中国建设中的积极作用。

二、全面推进社区矫正工作的指导思想和基本原则

全面推进社区矫正工作的指导思想是：以邓小平理论、"三个代表"重要思想、科学发展观为指导，认真贯彻落实党的十八大、十八届三中全会精神，认真学习贯彻习近平总书记系列重要讲话精神，学习贯彻习近平总书记对司法行政工作重要指示精神，贯彻落实中央深化司法体制和社会体制改革的决策部署，全面推进社区矫正，切实抓好对社区服刑人员的监督管理、教育矫正和社会适应性帮扶，加强中国特色社区矫正法律制度建设、机构队伍建设和保障能力建设，健全完善社区矫正制度，更好地预防和减少重新违法犯罪，为维护社会和谐稳定，建设平安中国、法治中国作出积极贡献。

全面推进社区矫正工作的基本原则是：必须坚持党的领导，立足我国基本国情，探索建立完善中国特色社区矫正制度，不照抄照搬国外的制度模式和做法，坚持社区矫正工作正确方向；必须坚持从实际出发，与本地的经济社会发展水平相适应，充分考虑社会对社区矫正工作的认同感，充分考虑本地社区建设、社会资源、工作力量的承受力；必须坚持依法推进，严格按照刑法、刑事诉讼法的规定开展工作，严格遵守和执行法定条件和程序，充分体现刑罚执行的严肃性、统一性和权威性；必须坚持把教育改造社区服刑人员作为社区矫正工作的中心任务，切实做好社区服刑人员监管教育和帮困扶助，把社区服刑人员改造成守法公民，预防和减少重新犯罪；必须坚持统筹协调，充分发挥各部门的职能作用，广泛动员社会力量参与社区矫正工作，为社区服刑人员顺利回归社会创造条件；必须坚持改革创新，用创新的思维和改革的办法解决工作中的困难和问题，不断实现新发展、取得新成绩。

三、全面推进社区矫正工作的主要任务

全面推进社区矫正，标志着社区矫正工作进入了一个新的发展阶段。各地要适应新形势新任务的要求，抓住机遇，顺势而为，依法规范履行职责，积极稳妥推进工作。

（一）全面落实社区矫正工作基本任务。严格执行刑罚，加强监督管理、教育矫正和社会适应性帮扶，是社区矫正的基本任务，也是全面推进社区矫正工作的前提和条件。要切实加强监督管理。严格落实监管制度，防止社区服刑人员脱管、漏管和重新违法犯罪。严格检查考核，及时准确掌握社区服刑人员的改造情况，按规定实施分级处遇，调动社区服刑人员的改造积极性。大力创新管理方式，充分发挥矫正小组的作用，充分利用现代科技手段，进一步推广手机定位、电子腕带等信息技术在监管中的应用，提高监管的可靠性和有效性。强化应急处置，健全完善应急处置预案，确保突发事件防范有力、处置迅速。要切实加强教育矫正。认真组织开展思想道德、法制、时事政治等教育，帮助社区服刑人员提高道德修养，增

强法制观念，自觉遵纪守法。要组织开展社区服务，培养社区服刑人员正确的劳动观念，增强社会责任感，帮助他们修复社会关系，更好地融入社会。大力创新教育方式方法，实行分类教育和个别教育，普遍开展心理健康教育，做好心理咨询和心理危机干预，不断增强教育矫治效果。建立健全教育矫正质量评估体系，分阶段对社区服刑人员进行评估，并及时调整完善矫正对策措施，增强教育矫正的针对性和实效性。要切实加强社会适应性帮扶工作。制定完善并认真落实帮扶政策，协调解决社区服刑人员就业、就学、最低生活保障、临时救助、社会保险等问题，为社区服刑人员安心改造并融入社会创造条件。广泛动员企事业单位、社会团体、志愿者等各方面力量，发挥社会帮扶的综合优势，努力形成社会合力，提高帮扶效果。

（二）积极推进社区矫正制度化规范化法制化建设。积极推进社区矫正立法，努力从法律层面解决有关重大问题，为社区矫正工作长远发展提供法律保障。加强规章制度建设，在《社区矫正实施办法》基础上，进一步健全完善工作规定，使社区矫正工作制度覆盖调查评估、交付接收、管理教育、考核奖惩、收监执行、解除矫正等各个环节，确保社区矫正工作规范运行。深入推进社区矫正执法规范化建设，健全执法机制、完善执法流程、加强执法检查，切实规范执法行为，维护社区服刑人员合法权益，努力在每一个执法环节、每一起执法案件办理上使人民群众、社区服刑人员及其家属感受到公平正义。

（三）进一步健全社区矫正工作领导体制和工作机制。理顺社区矫正工作体制机制。建立和完善党委政府统一领导，司法行政部门组织实施、指导管理，法院、检察院、公安等相关部门协调配合，社会力量广泛参与的社区矫正领导体制和工作机制。进一步完善社区矫正联席会议制度、信息共享制度、情况通报制度等协作配合机制，及时发现和解决社区矫正全面推进过程中出现的新情况和新问题，共同制定和完善有关规章制度。司法行政机关要加强对社区矫正工作的组织实施、指导管理,完善监管教育制度,创新工作方法,依法规范、积极有序推进社区矫正工作。人民法院要依法适用社区矫正,对符合条件的被告人、罪犯,依法及时作出适用、变更社区矫正的判决、裁定;在社区矫正适用前,可委托司法行政机关进行调查评估;判决、裁定生效后,及时与社区矫正机构办理社区服刑人员及法律文书等相关移送手续,积极参与对社区服刑人员的回访和帮教。人民检察院要依法加强对社区矫正的法律监督,对违反法律规定的,及时提出纠正意见和检察建议,维护刑罚执行公平正义,维护社区服刑人员的合法权益,保障社区矫正依法公正进行。公安机关对重新犯罪、应予治安管理处罚的社区服刑人员,要依法及时处理。司法所、公安派出所、派驻乡镇检察室、人民法庭要建立健全社区矫正工作衔接配合机制,及时协调解决社区矫正工作中遇到的实际问题,确保社区矫正工作顺利推进。积极争取立法、编制、民政、财政、人力资源和社会保障等部门支持,为社区矫正工作全面推进创造有利条件。

(四)切实加强社区矫正机构和队伍建设。加强社区矫正机构建设,建立健全省、市、县三级社区矫正机构,重点加强县级司法行政机关社区矫正专门机构建设,切实承担起社区矫正工作职责。切实加强社区矫正工作队伍建设,着力加强县、乡两级专职队伍建设,配齐配强工作人员,保证执法和管理工作需要。各地要从各自实际出发,积极研究探索采取政府购买服务的方式,充实社区矫正机构工作人员,坚持专群结合,发展社会工作者和社会志愿者队伍,组织和引导企事业单位、社会团体、社会工作者和志愿者参与社区矫正工作。大力加强思想政治建设,教育引导社区矫正工作者坚定理想信念,牢固树立执法为民、公正执法的理念,培育职业良知,忠诚履行职责。大力加强执法能力和作风建设,加大业务培训力度,开展经常性岗位练兵活动,不断提高业务素质和工作能力,努力建设一支高素质的社区矫正工作队伍。切实加强司法所建设,改善装备条件,做好社区矫正日常工作。加强村(居)社区矫正工作站建设，落实帮教帮扶措施。

（五）进一步加强社区矫正工作保障能力建设。切实抓好社区矫正经费落实，按照财政部、司法部关于进一步加强社区矫正经费保障工作的意见，将社区矫正经费纳入各级财政预算，并探索建立动态增长机制，以适应社区矫正工作发展需要。大力推进场所设施建设，多形式、多渠道建立社区矫正场所设施，对社区服刑人员进行接收宣告、集中学习和培训。大力加强社区矫正信息化建设，科学规划，统一规范，健全完善全国社区服刑人员数据库，建立社区矫正信息平台，与有关部门互联互通、资源共享，推动实施对社区服刑人员网上监管、网上教育、网上服务帮扶，不断提升社区矫正工作的信息化水平。

四、切实加强对全面推进社区矫正工作的组织领导

要紧紧依靠党委政府的领导，把社区矫正工作纳入经济社会发展总体规划，及时研究解决工作中的重大问题。要加强部门之间的沟通协调和衔接配合，落实各项政策措施，确保社区矫正工作全面推进。要切实加强调查研究，持续跟踪社区矫正工作发展，及时研究解决社区矫正工作中出现的新情况新问题，尤其要围绕健全组织机构、完善工作制度、落实经费场所设施保障、加强队伍建设等，深入调查研究，切实解决问题，推动社区矫正工作不断深入。要加大社区矫正工作宣传力度。及时总结推广社区矫正工作的好经验好做法，充分发挥典型示范作用。大力表彰社区矫正工作中涌现出来的先进事迹，激励广大社区矫正工作者和社会各方力量在教育矫正社区服刑人员、维护社会和谐稳定中建功立业。要坚持改革创新，创造性地开展工作，创新监督管理方法手段，丰富教育矫正内容，注重社会适应性帮扶的针对性和实效性。要坚持求真务实、真抓实干，发扬钉钉子精神，把社区矫正工作各项任务落到实处、见到实效，切实提高社区矫正工作水平。

司法部、中央综治办、教育部、民政部、财政部、人力资源社会保障部关于组织社会力量参与社区矫正工作的意见

(2014年9月26日 司发〔2014〕14号)

各省、自治区、直辖市司法厅（局）、综治办、教育厅（教委）、民政厅（局）、财政厅（局）、人力资源社会保障厅（局），新疆生产建设兵团司法局、综治办、教育局、民政局、财务局、人力资源社会保障局：

社区矫正是我国的一项重要法律制度，是将管制、缓刑、假释、暂予监外执行的罪犯置于社区内，由专门的国家机关在相关人民团体、社会组织和社会志愿者的协助下，在判决、裁定或决定确定的期限内，矫正其犯罪心理和行为恶习，促进其顺利回归社会的刑罚执行活动。社区矫正是深化司法体制改革和社会体制改革的重要内容，是法治中国建设的重要方面，社会力量的参与则是健全社区矫正制度、落实社区矫正任务的内在要求。为认真贯彻党的十八届三中、四中全会关于健全社区矫正制度的要求，根据中央领导同志的指示和社区矫正工作全面推进的实际，现就组织社会力量参与社区矫正工作提出如下意见。

一、充分认识社会力量参与社区矫正工作的重要性

我国的社区矫正从2003年起经过试点、扩大试点、全面试行两个阶段，目前已进入全面推进阶段。社区矫正把符合法定条件的罪犯放在社会上监督管理和教育改造，社会力量广泛参与是其显著特征。在工作力量上，既要有专职执法队伍，也要广泛动员社会工作者、志愿者以及社会组织、所在单位学校、家庭成员等各种社会力

量，共同做好社区矫正工作；在工作方法上，需要充分发挥专业组织、专业人员的作用，综合运用社会学、心理学、教育学、法学、社会工作等专业知识，实现科学矫正；在工作体系和工作机制上，需要依托村居，依靠基层组织，充分发挥各有关部门的职能作用，落实相关政策和措施，为社区服刑人员顺利回归社会创造条件。社区矫正工作开展以来，各地始终坚持紧紧依靠基层组织，广泛发动人民群众参与社区矫正工作，从实际出发，积极研究探索采取政府购买服务的方式，充实社区矫正机构工作人员，发展壮大社会工作者、志愿者队伍，专群结合开展社区矫正工作，取得了良好效果。目前全国从事社区矫正工作的社会工作者7.9万人，社会志愿者64.2万人。我国社会力量参与社区矫正工作取得了明显成效，但还存在着制度不健全、政策不完善、规模范围小、人员力量不足等问题，与社区矫正工作全面推进的要求相比尚不适应。新形势下，进一步鼓励引导社会力量参与社区矫正，是完善我国非监禁刑罚执行制度，健全社区矫正制度的客观需要；是提高教育矫正质量，促进社区服刑人员更好地融入社会的客观需要；是创新特殊人群管理服务，充分发挥社会主义制度优越性，预防和减少重新犯罪，维护社会和谐稳定的客观需要。我们要切实增强责任感和紧迫感，从政策制度上研究采取措施，充分发挥社会力量参与社区矫正工作的积极作用。

二、进一步鼓励引导社会力量参与社区矫正工作

（一）引导政府向社会力量购买社区矫正社会工作服务。司法行政部门、民政部门可根据职责分工，按照有利于转变政府职能、有利于降低服务成本、有利于提升服务质量和资金效益的原则，公开择优向社会力量购买社区矫正社会工作服务。要明确购买服务的数量、质量要求以及服务期限、资金支付方式、违约责任等，加强购买服务资金管理，指导督促服务承接机构履行合同义务，保证服务数量、质量和效果。

（二）鼓励引导社会组织参与社区矫正工作。鼓励社区矫正机构将疏导心理情绪、纠正行为偏差、修复与家庭和社区关系、恢复和发展社会功能、引导就学就业等项目，通过多种方式向具有社区矫正服务能力的社会组织购买服务。提供社区矫正服务的社会组织符合规定条件的可以享受相应的税收优惠政策。要引导其完善内部治理结构，加强服务队伍建设，提升在社区矫正领域提供社会工作专业服务的水平。鼓励热心于社区矫正事业的社会组织参与社区矫正工作，为社区服刑人员提供社会工作专业服务。司法行政部门通过建立完善社会组织参与社区矫正工作的机制和渠道，及时提供需求信息，为社会组织参与社区矫正创造条件、提供便利。

（三）发挥基层群众性自治组织的作用。村（居）民委员会是协助开展社区矫正工作的重要力量。村（居）民委员会应发挥其贴近社区服刑人员日常工作、生活的优势，及时掌握社区服刑人员的思想动向和行为表现，积极协助社区矫正机构做好社区服刑人员的困难帮扶、社区服务等工作，及时向社区矫正机构反映社区服刑人员情况，发动引导社区社会组织、志愿者和居民群众广泛参与社区矫正工作，扩大交往融合，促进社区服刑人员融入社区、回归社会。要按照"权随责走、费随事转"的要求，为村（居）民委员会落实协助开展社区矫正工作的经费。各级民政部门要将社区矫正工作纳入社区服务体系建设规划，加强城乡社区综合服务设施建设和社区公共服务综合信息平台建设，指导村（居）民委员会协助、参与社区矫正工作。

（四）鼓励企事业单位参与社区矫正工作。积极动员企事业单位参与社区矫正工作，通过捐赠物资、提供工作岗位、提供技能培训、提供专业服务等方式，为社区服刑人员回归社会提供帮助。录用符合条件社区服刑人员的企业按规定享受国家普惠政策。

（五）切实加强社区矫正志愿者队伍建设。社区矫正志愿者是热心社区矫正工作，自愿无偿协助对社区服刑人员开展法制教育、心理辅导、社会认知教育、技能培训等工作的人员。要广泛宣传、普及社区矫正志愿服务理念，切实发挥志愿者在社区矫正工作中的作用，建立社会工作者引领志愿者开展服务机制，扎实推进社区矫正志愿者注册和志愿服务记录工作，有计划、分层次、多形式地开展知识与技能培训，提升社区矫正志愿者服务的专业化水平，着力培育有一定专业特长、参与面广、服务功能强、作用发挥好的社区矫正志愿者队伍。对工作成绩显著的社区矫正志愿者，依国家规定给予表彰，形成有利于志愿者开展工作的良好氛围。鼓励企事业单位、公益慈善组织和公民个人对社区矫正志愿服务活动进行资助，形成多渠道、多元化的筹资机制。

（六）进一步加强矫正小组建设。矫正小组是组织动员社会力量参与社区矫正工作的重要平台。社区矫正机构按照规定为每一名社区服刑人员建立矫正小组，组织有关部门、村（居）民委员会、社会工作者、志愿者、社区服刑人员所在单位、就读学校、家庭成员或者监护人、保证人以及其他有关人员共同参与，落实社区矫正措施。矫正小组要因案制宜，因人制宜，融法律约束、道德引导、亲情感化为一体，促进社区服刑人员顺利融入社会。

三、做好政府已公开招聘的社区矫正社会工作者的保障工作

对于社区矫正工作试点以来已由政府有关部门公开招聘的社区矫正社会工作者，可依据国家有关规定享受相应的工作待遇，按照社会保险制度规定，按时足额缴纳社会保险费，实现应保尽保，保障其合法权益，并通过政府购买服务方式实行规范管理。鼓励其参加人力资源和社会保障部、民政部组织的全国社会工作者职业水平评价，用人单位可以根据需要对已取得全国社会工作者职业水平证书的人员通过竞聘上岗聘任相应级别专业技术职务。人力资源和社会保障部门支持民政部门、司法行政部门为其提供公益性和示范性业务培训平台，以实施专业技术人才知识更新工程为契机，进一步加大教育培训力度，完善教育培训政策。工作表现突出的，由主办单位按程序报批进行表彰，人力资源和社会保障部门积极配合做好表彰工作。

四、着力解决社区服刑人员就业就学和社会救助、社会保险等问题

（一）促进就业。人力资源和社会保障部门负责对有需求的社区服刑人员进行职业技能培训,并将其纳入本地职业技能培训总体规划。符合条件的社区服刑人员可以申请享受相关就业扶持政策,接受公共就业服务机构提供的职业指导和职业介绍等服务。

(二)帮助接受教育。对于未完成义务教育的未成年社区服刑人员,司法行政部门应当配合教育部门,协调并督促其法定监护人,帮助其接受义务教育。对于非义务教育阶段有就学意愿的社区服刑人员,地方教育部门应当对其予以鼓励和支持。

(三)做好基本生活救助。民政部门对基本生活暂时出现严重困难、确实需要救助的社区服刑人员依法给予临时救助。将生活困难、符合最低生活保障条件的社区服刑人员家庭依法纳入最低生活保障范围。

(四)落实社会保险。已参加企业职工基本养老保险并实现再就业或已参加城乡居民基本养老保险的,按规定继续参保缴费,达到法定退休年龄或养老保险待遇领取年龄的,可按规定领取相应基本养老金,但服刑期间不参与基本养老金调整。社区服刑人员可按规定执行基本医疗保险等有关医疗保障政策,享受相应待遇。符合申领失业保险金条件的社区服刑人员,可按规定享受失业保险待遇。

五、进一步加强对社会力量参与社区矫正工作的组织领导

各地要把进一步鼓励引导社会力量参与社区矫正提上重要议事日程,立足实际建立完善社会力量参与社区矫正的政策措施和制度办法。要紧紧依靠党委政府的领导,加强部门之间的沟通协调和衔接配合,做到各负其责、齐抓共管,落实社会力量参与社区矫正工作的各项政策措施。要将政府购买服务参与社区矫正工作的资金列入地方财政预算。各级综治组织要按照中央要求,进一步健全基层综合服务管理平台,进一步组织社会力量,整合各方资源,积极参与社区矫正工作。司法行政部门要充分发挥职能作用,主动协调各有关部门完善政策,健全制度,引导社会力量更多地投入社区矫正工作。要总结推广社会力量参与社区矫正的成功经验。积极发挥各类新闻媒体作用,加强对社会力量参与社区矫正工作成就的宣传,按照国家有关规定表彰社会力量参与社区矫正工作中涌现出来的先进事迹和先进典型，为全面推进社区矫正工作，维护社会和谐稳定做出积极贡献。

最高人民法院、最高人民检察院、公安部、司法部关于进一步加强社区矫正工作衔接配合管理的意见

（2016年8月30日 司法通〔2016〕88号）

为进一步加强社区矫正工作衔接配合，确保社区矫正依法适用、规范运行，根据刑法、刑事诉讼法以及最高人民法院、最高人民检察院、公安部、司法部《社区矫正实施办法》等有关规定，结合工作实际，制定本意见。

一、加强社区矫正适用前的衔接配合管理

1. 人民法院、人民检察院、公安机关、监狱对拟适用或者提请适用社区矫正的被告人、犯罪嫌疑人或者罪犯，需要调查其对所居住社区影响的，可以委托其居住地县级司法行政机关调查评估。对罪犯提请假释的，应当委托其居住地县级司法行政机关调查评估。对拟适用社区矫正的被告人或者罪犯，裁定或者决定机关应当核实其居住地。

委托调查评估时，委托机关应当发出调查评估委托函，并附下列材料：

（1）人民法院委托时，应当附带起诉书或者自诉状；

（2）人民检察院委托时，应当附带起诉意见书；

（3）看守所、监狱委托时，应当附带判决书、裁定书、执行通知书、减刑裁定书复印件以及罪犯在服刑期间表现情况材料。

2. 调查评估委托函应当包括犯罪嫌疑人、被告人、罪犯及其家属等有关人员的姓名、住址、联系方式、案由以及委托机关的联系人、联系方式等内容。

调查评估委托函不得通过案件当事人、法定代理人、诉讼代理人或者其他利害关系人转交居住地县级司法行政机关。

3. 居住地县级司法行政机关应当自收到调查评估委托函及所附材料之日起10个工作日内完成调查评估，提交评估意见。对于适用刑事案件速裁程序的，居住地县级司法行政机关应当在5个工作日内完成调查评估，提交评估意见。评估意见同时抄送居住地县级人民检察院。

需要延长调查评估时限的，居住地县级司法行政机关应当与委托机关协商，并在协商确定的期限内完成调查评估。

调查评估意见应当客观公正反映被告人、犯罪嫌疑人、罪犯适用社区矫正对其所居住社区的影响。委托机关应当认真审查调查评估意见，作为依法适用或者提请适用社区矫正的参考。

4. 人民法院在作出暂予监外执行决定前征求人民检察院意见时，应当附罪犯的病情诊断、妊娠检查或者生活不能自理的鉴别意见等有关材料。

二、加强对社区服刑人员交付接收的衔接配合管理

5. 对于被判处管制、宣告缓刑、假释的罪犯，人民法院、看守所、监狱应当书面告知其到居住地县级司法行政机关报到的时间期限以及逾期报到的后果，并在规定期限内将有关法律文书送达居住地县级司法行政机关，同时抄送居住地县级人民检察院和公安机关。

社区服刑人员前来报到时，居住地县级司法行政机关未收到法律文书或者法律文书不齐全，可以先记录在案，并通知人民法院、监狱或者看守所在5日内送达或者补齐法律文书。

6. 人民法院决定暂予监外执行或者公安机关、监狱管理机关批准暂予监外执行的，交付时应当将罪犯的病情诊断、妊娠检查或者生活不能自理的鉴别意见等有关材料复印件一并送达居住地县级司法行政机关。

7. 人民法院、公安机关、司法行政机关在社区服刑人员交付接收工作中衔接脱节，或者社区服刑人员逃避监管、未按规定时间期限报到，造成没有及时执行社区矫正的，属于漏管。

8. 居住地社区矫正机构发现社区服刑人员漏管，应当及时组织查找，并由居住地县级司法行政机关通知有关人民法院、公安机关、监狱、居住地县级人民检察院。

社区服刑人员逃避监管、不按规定时间期限报到导致漏管的，居住地县级司法行政机关应当给予警告；符合收监执行条件的，依法提出撤销缓刑、撤销假释或者对暂予监外执行收监执行的建议。

9. 人民检察院应当加强对社区矫正交付接收中有关机关履职情况的监督，发现有下列情形之一的，依法提出纠正意见：

（1）人民法院、公安机关、监狱未依法送达交付执行法律文书，或者未向社区服刑人员履行法定告知义务；

（2）居住地县级司法行政机关依法应当接收社区服刑人员而未接收；

（3）社区服刑人员未在规定时间期限报到，居住地社区矫正机构未及时组织查找；

（4）人民法院决定暂予监外执行，未通知居住地社区矫正机构与有关公安机关，致使未办理交接手续；

（5）公安机关、监狱管理机关批准罪犯暂予监外执行，罪犯服刑的看守所、监狱未按规定与居住地社区矫正机构办理交接手续；

（6）其他未履行法定交付接收职责的情形。

三、加强对社区服刑人员监督管理的衔接配合

10. 社区服刑人员在社区矫正期间脱离居住地社区矫正机构的监督管理下落不明，或者虽能查找到其下落但拒绝接受监督管理的，属于脱管。

11. 居住地社区矫正机构发现社区服刑人员脱管，应当及时采取联系本人、其家属亲友，走访有关单位和人员等方式组织追查，做好记录，并由县级司法行政机关视情形依法给予警告、提请治安管理处罚、提请撤销缓刑、撤销假释或者对暂予监外执行的提请收监执行。

12. 人民检察院应当加强对社区矫正监督管理活动的监督，发现有下列情形之一的，依法提出纠正意见：

（1）社区服刑人员报到后，居住地县级司法行政机关未向社区服刑人员履行法定告知义务，致使其未按照有关规定接受监督管理；

（2）居住地社区矫正机构违反规定批准社区服刑人员离开所居住的市、县，或者违反人民法院禁止令的内容批准社区服刑人员进入特定区域或者场所；

（3）居住地县级司法行政机关对违反社区矫正规定的社区服刑人员，未依法给予警告、提请治安管理处罚；

（4）其他未履行法定监督管理职责的情形。

13. 司法行政机关应当会同人民法院、人民检察院、公安机关健全完善联席会议制度、情况通报制度，每月通报核对社区服刑人员人数变动、漏管脱管等数据信息，及时协调解决工作中出现的问题。

14. 司法行政机关应当建立完善社区服刑人员的信息交换平台，推动与人民法院、人民检察院、公安机关互联互通，利用网络及时准确传输交换有关法律文书，根据需要查询社区服刑人员脱管漏管、被治安管理处罚、犯罪等情况，共享社区矫正工作动态信息，实现网上办案、网上监管、网上监督。对社区服刑人员采用电子定位方式实施监督，应当采用相应技术，防止发生人机分离，提高监督管理的有效性和安全性。

15. 社区服刑人员被依法决定行政拘留、司法拘留、收容教育、强制隔离戒毒等或者因涉嫌犯新罪、发现判决宣告前还有其他罪没有判决被采取强制措施的，决定机关应当自作出决定之日起3日内将有关情况通知居住地县级司法行政机关和居住地县级人民检察院。

四、加强对社区服刑人员收监执行的衔接配合管理

16. 社区服刑人员符合收监执行条件的，居住地社区矫正机构应当及时按照规定，向原裁判人民法院或者公安机关、监狱管理机关送达撤销缓刑、撤销假释建议书或者对暂予监外执行的收监执行建议书并附相关证明材料。人民法院、公安机关、监狱管理机关应当在规定期限内依法作出裁定或者决定，并将法律文书送达居住地县级司法行政机关，同时抄送居住地县级人民检察院、公安机关。

17. 社区服刑人员因违反监督管理规定被依法撤销缓刑、撤销假释或者暂予监外执行被决定收监执行的，应当本着就近、便利、安全的原则，送交其居住地所属的省（区、市）的看守所、监狱执行刑罚。

18. 社区服刑人员被裁定撤销缓刑的，居住地社区矫正机构应当向看守所、监狱移交撤销缓刑裁定书和执行通知书、撤销缓刑建议书以及原判决书、裁定书和执行通知书、起诉书副本、结案登记表以及社区矫正期间表现情况等文书材料。

社区服刑人员被裁定撤销假释的，居住地社区矫正机构应当向看守所、监狱移交撤销假释裁定书和执行通知书，撤销假释建议书、社区矫正期间表现情况材料，原判决书、裁定书和执行通知书、起诉书副本、结案登记表复印件等文书材料。罪犯收监后，居住地社区矫正机构通知罪犯原服刑看守所、监狱将罪犯假释前的档案材料移交撤销假释后的服刑看守所、监狱。

暂予监外执行社区服刑人员被人民法院决定收监执行的，居住地社区矫正机构应当向看守所、监狱移交收监执行决定书和执行通知书以及原判决书、裁定书和执行通知书、起诉书副本、结案登记表、社区矫正期间表现等文书材料。

暂予监外执行社区服刑人员被公安机关、监狱管理机关决定收监执行的，居住地社区矫正机构应当向看守所、监狱移交社区服刑人员在接受矫正期间的表现情况等文书材料。

19. 撤销缓刑、撤销假释裁定书或者对暂予监外执行罪犯收监执行决定书应当在居住地社区矫正机构教育场所公示。属于未成年或者犯罪的时候不满十八周岁被判处五年有期徒刑以下刑罚的社区服刑人员除外。

20. 被裁定、决定收监执行的社区服刑人员在逃的,居住地社区矫正机构应当在收到人民法院、公安机关、监狱管理机关的裁定、决定后,立即通知居住地县级公安机关,由其负责实施追捕。

撤销缓刑、撤销假释裁定书和对暂予监外执行罪犯收监执行决定书,可以作为公安机关网上追逃依据。公安机关根据案情决定是否实施网上追逃。

21. 社区服刑人员被行政拘留、司法拘留、收容教育、强制隔离戒毒等行政处罚或者强制措施期间,人民法院、公安机关、监狱管理机关依法作出对其撤销缓刑、撤销假释的裁定或者收监执行决定的,居住地社区矫正机构应当将人民法院、公安机关、监狱管理机关的裁定书、决定书送交作出上述决定的机关,由有关部门依法收监执行刑罚。

22. 人民检察院应当加强对社区矫正收监执行活动的监督,发现有下列情形之一的,依法提出纠正意见:

(1) 居住地县级司法行政机关未依法向人民法院、公安机关、监狱管理机关提出撤销缓刑、撤销假释建议或者对暂予监外执行的收监执行建议;

(2) 人民法院、公安机关、监狱管理机关未依法作出裁定、决定,或者未依法送达;

(3) 居住地县级司法行政机关、公安机关未依法将罪犯送交看守所、监狱,或者未依法移交被收监执行罪犯的文书材料;

(4) 看守所、监狱未依法收监执行;

(5) 公安机关未依法协助送交收监执行罪犯,或者未依法对在逃的收监执行罪犯实施追捕;

(6) 其他违反收监执行规定的情形。

23. 对社区服刑人员实行社区矫正,本意见未明确的程序和事项,按照有关法律法规以及最高人民法院、最高人民检察院、公安部、司法部《社区矫正实施办法》,最高人民法院、最高人民检察院、公安部、司法部、国家卫生计生委《暂予监外执行规定》等执行。

24. 本意见自发布之日起施行。

最高人民法院关于贯彻宽严相济刑事政策的若干意见

(2010年2月8日 法发〔2010〕9号)

宽严相济刑事政策是我国的基本刑事政策，贯穿于刑事立法、刑事司法和刑罚执行的全过程，是惩办与宽大相结合政策在新时期的继承、发展和完善，是司法机关惩罚犯罪，预防犯罪，保护人民，保障人权，正确实施国家法律的指南。为了在刑事审判工作中切实贯彻执行这一政策，特制定本意见。

一、贯彻宽严相济刑事政策的总体要求

1. 贯彻宽严相济刑事政策，要根据犯罪的具体情况，实行区别对待，做到该宽则宽，当严则严，宽严相济，罚当其罪，打击和孤立极少数，教育、感化和挽救大多数，最大限度地减少社会对立面，促进社会和谐稳定，维护国家长治久安。

2. 要正确把握宽与严的关系，切实做到宽严并用。既要注意克服重刑主义思想影响，防止片面从严，也要避免受轻刑化思想影响，一味从宽。

3. 贯彻宽严相济刑事政策，必须坚持严格依法办案，切实贯彻落实罪刑法定原则、罪刑相适应原则和法律面前人人平等原则，依照法律规定准确定罪量刑。从宽和从严都必须依照法律规定进行，做到宽严有据，罚当其罪。

4. 要根据经济社会的发展和治安形势的变化，尤其要根据犯罪情况的变化，在法律规定的范围内，适时调整从宽和从严的对象、范围和力度。要全面、客观把握不同时期不同地区的经济社会状况和社会治安形势，充分考虑人民群众的安全感以及惩治犯罪的实际需要，注重从严打击严重危害国家安全、社会治安和人民群众利益的犯罪。对于犯罪性质尚不严重，情节较轻和社会危害性较小的犯罪，以及被告人认罪、悔罪，从宽处罚更有利于社会和谐稳定的，依法可以从宽处理。

5. 贯彻宽严相济刑事政策，必须严格依法进行，维护法律的统一和权威，确保良好的法律效果。同时，必须充分考虑案件的处理是否有利于赢得广大人民群众的支持和社会稳定，是否有利于瓦解犯罪，化解矛盾，是否有利于罪犯的教育改造和回归社会，是否有利于减少社会对抗，促进社会和谐，争取更好的社会效果。要注意在裁判文书中充分说明裁判理由，尤其是从宽或从严的理由，促使被告人认罪服法，注重教育群众，实现案件裁判法律效果和社会效果的有机统一。

二、准确把握和正确适用依法从"严"的政策要求

6. 宽严相济刑事政策中的从"严"，主要是指对于罪行十分严重、社会危害性极大，依法应当判处重刑或死刑的，要坚决地判处重刑或死刑；对于社会危害大或者具有法定、酌定从重处罚情节，以及主观恶性深、人身危险性大的被告人，要依法从严惩处。在审判活动中通过体现依法从"严"的政策要求，有效震慑犯罪分子和社会不稳定分子，达到有效遏制犯罪、预防犯罪的目的。

7. 贯彻宽严相济刑事政策，必须毫不动摇地坚持依法严惩严重刑事犯罪的方针。对于危害国家安全犯罪、恐怖组织犯罪、邪教组织犯罪、黑社会性质组织犯罪、恶势力犯罪、故意危害公共安全犯罪等严重危害国家政权稳固和社会治安的犯罪，故意杀人、故意伤害致人死亡、强奸、绑架、拐卖妇女儿童、抢劫、重大抢夺、重大盗窃等严重暴力犯罪和严重影响人民群众安全的犯罪，走私、贩卖、运输、制造毒品等毒害人民健康的犯罪，要作为严惩的重点，依法从重处罚。尤其对于极端仇视国家和社会，以不特定人为侵害对象，所犯罪行特别严重的犯罪分子,该重判的要坚决依法重判,该判处死刑的要坚决依法判处死刑。

8. 对于国家工作人员贪污贿赂、滥用职权、失职渎职的严重犯罪,黑恶势力犯罪、重大安全责任事故、制售伪劣食品药品所涉及的国家工作人员职务犯罪,发生在社会保障、征地拆迁、灾后重建、企业改制、医疗、教育、就业等领域严重损害群众利益、社会影响恶劣、群众反映强烈的国家工作人员职务犯罪,发生在经济社会建设重点领域、重点行业的严重商业贿赂犯罪等,要依法从严惩处。

对于国家工作人员职务犯罪和商业贿赂犯罪中性质恶劣、情节严重、涉案范围广、影响面大的,或者案发后隐瞒犯罪事实、毁灭证据、订立攻守同盟、负案潜逃等拒不认罪悔罪的,要坚决依法从严惩处。

对于被告人犯罪所得数额不大,但对国家财产和人民群众利益造成重大损失、社会影响极其恶劣的职务犯罪和商业贿赂犯罪案件,也应依法从严惩处。

要严格掌握职务犯罪法定减轻处罚情节的认定标准与减轻处罚的幅度,严格控制依法减轻处罚后判处三年以下有期徒刑适用缓刑的范围,切实规范职务犯罪缓刑、免予刑事处罚的适用。

9. 当前和今后一段时期,对于集资诈骗、贷款诈骗、制贩假币以及扰乱、操纵证券、期货市场等严重危害金融秩序的犯罪,生产、销售假药、劣药、有毒有害食品等严重危害食品药品安全的犯罪,走私等严重侵害国家经济利益的犯罪,造成严重后果的重大安全责任事故犯罪,重大环境污染、非法采矿、盗伐林木等各种严重破坏环境资源的犯罪等,要依法从严惩处,维护国家的经济秩序,保护广大人民群众的生命健康安全。

10. 严惩严重刑事犯罪,必须充分考虑被告人的主观恶性和人身危险性。对于事先精心预谋、策划犯罪的被告人,具有惯犯、职业犯等情节的被告人,或者因故意犯罪受过刑事处罚、在缓刑、假释考验期内又犯罪的被告人,要依法严惩,以实现刑罚特殊预防的功能。

11. 要依法从严惩处累犯和毒品再犯。凡是依法构成累犯和毒品再犯的，即使犯罪情节较轻，也要体现从严惩处的精神。尤其是对于前罪为暴力犯罪或被判处重刑的累犯，更要依法从严惩处。

12. 要注重综合运用多种刑罚手段，特别是要重视依法适用财产刑，有效惩治犯罪。对于法律规定有附加财产刑的，要依法适用。对于侵财型和贪利型犯罪，更要注重通过依法适用财产刑使犯罪分子受到经济上的惩罚，剥夺其重新犯罪的能力和条件。要切实加大财产刑的执行力度，确保刑罚的严厉性和惩罚功能得以实现。被告人非法占有、处置被害人财产不能退赃的，在决定刑罚时，应作为重要情节予以考虑，体现从严处罚的精神。

13. 对于刑事案件被告人，要严格依法追究刑事责任，切实做到不枉不纵。要在确保司法公正的前提下，努力提高司法效率。特别是对于那些严重危害社会治安，引起社会关注的刑事案件，要在确保案件质量的前提下，抓紧审理，及时宣判。

三、准确把握和正确适用依法从"宽"的政策要求

14. 宽严相济刑事政策中的从"宽"，主要是指对于情节较轻、社会危害性较小的犯罪，或者罪行虽然严重，但具有法定、酌定从宽处罚情节，以及主观恶性相对较小、人身危险性不大的被告人，可以依法从轻、减轻或者免除处罚；对于具有一定社会危害性，但情节显著轻微危害不大的行为，不作为犯罪处理；对于依法可不监禁的，尽量适用缓刑或者判处管制、单处罚金等非监禁刑。

15. 被告人的行为已经构成犯罪，但犯罪情节轻微，或者未成年人、在校学生实施的较轻犯罪，或者被告人具有犯罪预备、犯罪中止、从犯、胁从犯、防卫过当、避险过当等情节，依法不需要判处刑罚的，可以免予刑事处罚。对免予刑事处罚的，应当根据刑法第三十七条规定，做好善后、帮教工作或者交由有关部门进行处理，争取更好的社会效果。

16. 对于所犯罪行不重、主观恶性不深、人身危险性较小、有悔改表现、不致再危害社会的犯罪分子，要依法从宽处理。对于其中具备条件的，应当依法适用缓刑或者管制、单处罚金等非监禁刑。同时配合做好社区矫正，加强教育、感化、帮教、挽救工作。

17. 对于自首的被告人，除了罪行极其严重、主观恶性极深、人身危险性极大，或者恶意地利用自首规避法律制裁者以外，一般均应当依法从宽处罚。

对于亲属以不同形式送被告人归案或协助司法机关抓获被告人而认定为自首的，原则上都应当依法从宽处罚；有的虽然不能认定为自首，但考虑到被告人亲属支持司法机关工作，促使被告人到案、认罪、悔罪，在决定对被告人具体处罚时，也应当予以充分考虑。

18. 对于被告人检举揭发他人犯罪构成立功的，一般均应当依法从宽处罚。对于犯罪情节不是十分恶劣，犯罪后果不是十分严重的被告人立功的，从宽处罚的幅度应当更大。

19. 对于较轻犯罪的初犯、偶犯，应当综合考虑其犯罪的动机、手段、情节、后果和犯罪时的主观状态，酌情予以从宽处罚。对于犯罪情节轻微的初犯、偶犯，可以免予刑事处罚的；依法应当予以刑事处罚的，也应当尽量适用缓刑或者判处管制、单处罚金等非监禁刑。

20. 对于未成年人犯罪，在具体考虑其实施犯罪的动机和目的、犯罪性质、情节和社会危害程度的同时，还要充分考虑其是否属于初犯，归案后是否悔罪，以及个人成长经历和一贯表现等因素，坚持"教育为主、惩罚为辅"的原则和"教育、感化、挽救"的方针进行处理。对于偶尔盗窃、抢夺、诈骗，数额刚达到较大的标准，案发后能如实交代并积极退赃的，可以认定为情节显著轻微，不作为犯罪处理。对于罪行较轻的，可以依法适当多适用缓刑或者判处管制、单处罚金等非监禁刑；依法可免予刑事处罚的，应当免予刑事处罚。对于犯罪情节严重的未成年人，也应当依照刑法第十七条第三款的规定予以从轻或者减轻处罚。对于已满十四周岁不满十六周岁的未成年犯罪人，一般不判处无期徒刑。

21. 对于老年人犯罪，要充分考虑其犯罪的动机、目的、情节、后果以及悔罪表现等，并结合其人身危险性和再犯可能性，酌情予以从宽处罚。

22. 对于因恋爱、婚姻、家庭、邻里纠纷等民间矛盾激化引发的犯罪，因劳动纠纷、管理失当等原因引发、犯罪动机不属恶劣的犯罪，因被害方过错或者基于义愤引发的或者具有防卫因素的突发性犯罪，应酌情从宽处罚。

23. 被告人案发后对被害人积极进行赔偿，并认罪、悔罪的，依法可以作为酌定量刑情节予以考虑。因婚姻家庭等民间纠纷激化引发的犯罪，被害人及其家属对被告人表示谅解的，应当作为酌定量刑情节予以考虑。犯罪情节轻微，取得被害人谅解的，可以依法从宽处理，不需判处刑罚的，可以免予刑事处罚。

24. 对于刑事被告人，如果采取取保候审、监视居住等非羁押性强制措施足以防止发生社会危险性，且不影响刑事诉讼正常进行的，一般可不采取羁押措施。对人民检察院提起公诉而被告人未被采取逮捕措施的，除存在被告人逃跑、串供、重新犯罪等具有人身危险性或者可能影响刑事诉讼正常进行的情形外，人民法院一般可不决定逮捕被告人。

四、准确把握和正确适用宽严"相济"的政策要求

25. 宽严相济刑事政策中的"相济"，主要是指在对各类犯罪依法处罚时，要善于综合运用宽和严两种手段，对不同的犯罪和犯罪分子区别对待，做到严中有宽、宽以济严；宽中有严、严以济宽。

26. 在对严重刑事犯罪依法从严惩处的同时，对被告人具有自首、立功、从犯等法定或酌定从宽处罚情节的，还要注意宽以济严，根据犯罪的具体情况，依法应当或可以从宽的，都应当在量刑上予以充分考虑。

27. 在对较轻刑事犯罪依法从轻处罚的同时，要注意严以济宽，充分考虑被告人是否具有屡教不改、严重滋扰社会、群众反映强烈等酌定从严处罚的情况，对于不从严不足以有效惩戒者，也应当在量刑上有所体现，做到济之以严，使犯罪分子受到应有处罚，切实

增强改造效果。

28. 对于被告人同时具有法定、酌定从严和法定、酌定从宽处罚情节的案件，要在全面考察犯罪的事实、性质、情节和对社会危害程度的基础上，结合被告人的主观恶性、人身危险性、社会治安状况等因素，综合作出分析判断，总体从严，或者总体从宽。

29. 要准确理解和严格执行"保留死刑，严格控制和慎重适用死刑"的政策。对于罪行极其严重的犯罪分子，论罪应当判处死刑的，要坚决依法判处死刑。要依法严格控制死刑的适用，统一死刑案件的裁判标准，确保死刑只适用于极少数罪行极其严重的犯罪分子。拟判处死刑的具体案件定罪或者量刑的证据必须确实、充分，得出唯一结论。对于罪行极其严重，但只要是依法可不立即执行的，就不应当判处死刑立即执行。

30. 对于恐怖组织犯罪、邪教组织犯罪、黑社会性质组织犯罪和进行走私、诈骗、贩毒等犯罪活动的犯罪集团，在处理时要分别情况，区别对待：对犯罪组织或集团中的为首组织、指挥、策划者和骨干分子，要依法从严惩处，该判处重刑或死刑的要坚决判处重刑或死刑；对受欺骗、胁迫参加犯罪组织、犯罪集团或只是一般参加者，在犯罪中起次要、辅助作用的从犯，依法应当从轻或减轻处罚，符合缓刑条件的，可以适用缓刑。

对于群体性事件中发生的杀人、放火、抢劫、伤害等犯罪案件，要注意重点打击其中的组织、指挥、策划者和直接实施犯罪行为的积极参与者；对因被煽动、欺骗、裹胁而参加，情节较轻，经教育确有悔改表现的，应当依法从宽处理。

31. 对于一般共同犯罪案件，应当充分考虑各被告人在共同犯罪中的地位和作用，以及在主观恶性和人身危险性方面的不同，根据事实和证据能分清主从犯的，都应当认定主从犯。有多名主犯的，应在主犯中进一步区分出罪行最为严重者。对于多名被告人共同致死一名被害人的案件，要进一步分清各被告人的作用，准确确定各被告人的罪责，以做到区别对待；不能以分不清主次为由，简单地一律判处重刑。

32. 对于过失犯罪,如安全责任事故犯罪等,主要应当根据犯罪造成危害后果的严重程度、被告人主观罪过的大小以及被告人案发后的表现等,综合掌握处罚的宽严尺度。对于过失犯罪后积极抢救、挽回损失或者有效防止损失进一步扩大的,要依法从宽。对于造成的危害后果虽然不是特别严重,但情节特别恶劣或案发后故意隐瞒案情,甚至逃逸,给及时查明事故原因和迅速组织抢救造成贻误的,则要依法从重处罚。

33. 在共同犯罪案件中,对于主犯或首要分子检举、揭发同案地位、作用较次犯罪分子构成立功的,从轻或者减轻处罚应当从严掌握,如果从轻处罚可能导致全案量刑失衡的,一般不予从轻处罚;如果检举、揭发的是其他犯罪案件中罪行同样严重的犯罪分子,或者协助抓获的是同案中的其他主犯、首要分子的,原则上应予依法从轻或者减轻处罚。对于从犯或犯罪集团中的一般成员立功,特别是协助抓获主犯、首要分子的,应当充分体现政策,依法从轻、减轻或者免除处罚。

34. 对于危害国家安全犯罪、故意危害公共安全犯罪、严重暴力犯罪、涉众型经济犯罪等严重犯罪;恐怖组织犯罪、邪教组织犯罪、黑恶势力犯罪等有组织犯罪的领导者、组织者和骨干分子;毒品犯罪再犯的严重犯罪者;确有执行能力而拒不依法积极主动缴付财产执行财产刑或确有履行能力而不积极主动履行附带民事赔偿责任的,在依法减刑、假释时,应当从严掌握。对累犯减刑时,应当从严掌握。拒不交代真实身份或对减刑、假释材料弄虚作假,不符合减刑、假释条件的,不得减刑、假释。

对于因犯故意杀人、爆炸、抢劫、强奸、绑架等暴力犯罪,致人死亡或严重残疾而被判处死刑缓期二年执行或无期徒刑的罪犯,要严格控制减刑的频度和每次减刑的幅度,要保证其相对较长的实际服刑期限,维护公平正义,确保改造效果。

对于未成年犯、老年犯、残疾罪犯、过失犯、中止犯、胁从犯、积极主动缴付财产执行财产刑或履行民事赔偿责任的罪犯、因防卫过当或避险过当而判处徒刑的罪犯以及其他主观恶性不深、人身危险性不大的罪犯，在依法减刑、假释时，应当根据悔改表现予以从宽掌握。对认罪服法，遵守监规，积极参加学习、劳动，确有悔改表现的，依法予以减刑，减刑的幅度可以适当放宽，间隔的时间可以相应缩短。符合刑法第八十一条第一款规定的假释条件的，应当依法多适用假释。

五、完善贯彻宽严相济刑事政策的工作机制

35. 要注意总结审判经验，积极稳妥地推进量刑规范化工作。要规范法官的自由裁量权，逐步把量刑纳入法庭审理程序，增强量刑的公开性和透明度，充分实现量刑的公正和均衡，不断提高审理刑事案件的质量和效率。

36. 最高人民法院将继续通过总结审判经验，制发典型案例，加强审判指导，并制定关于案例指导制度的规范性文件，推进对贯彻宽严相济刑事政策案例指导制度的不断健全和完善。

37. 要积极探索人民法庭受理轻微刑事案件的工作机制，充分发挥人民法庭便民、利民和受案、审理快捷的优势，进一步促进轻微刑事案件及时审判，确保法律效果和社会效果的有机统一。

38. 要充分发挥刑事简易程序节约司法资源、提高审判效率、促进司法公正的功能，进一步强化简易程序的适用。对于被告人对被指控的基本犯罪事实无异议，并自愿认罪的第一审公诉案件，要依法进一步强化普通程序简化审的适用力度，以保障符合条件的案件都能得到及时高效的审理。

39. 要建立健全符合未成年人特点的刑事案件审理机制，寓教于审，惩教结合，通过科学、人性化的审理方式，更好地实现"教育、感化、挽救"的目的，促使未成年犯罪人早日回归社会。要积极推动有利于未成年犯罪人改造和管理的各项制度建设。对公安部门针对未成年人在缓刑、假释期间违法犯罪情况报送的拟撤销未成年犯罪人的缓刑或假释的报告，要及时审查，并在法定期限内及时做出决定，以真正形成合力，共同做好未成年人犯罪的惩戒和预防工作。

40. 对于刑事自诉案件，要尽可能多做化解矛盾的调解工作，促进双方自行和解。对于经过司法机关做工作，被告人认罪悔过，愿意赔偿被害人损失，取得被害人谅解，从而达成和解协议的，可以由自诉人撤回起诉，或者对被告人依法从轻或免予刑事处罚。对于可公诉、也可自诉的刑事案件，检察机关提起公诉的，人民法院应当依法进行审理，依法定罪处罚。对民间纠纷引发的轻伤害等轻微刑事案件，诉至法院后当事人自行和解的，应当予以准许并记录在案。人民法院也可以在不违反法律规定的前提下，对此类案件尝试做一些促进和解的工作。

41. 要尽可能把握一切有利于附带民事诉讼调解结案的积极因素，多做促进当事人双方和解的办法析理工作，以更好地落实宽严相济刑事政策，努力做到案结事了。要充分发挥被告人、被害人所在单位、社区基层组织、辩护人、诉讼代理人和近亲属在附带民事诉讼调解工作中的积极作用，协调各方共同做好促进调解工作，尽可能通过调解达成民事赔偿协议并以此取得被害人及其家属对被告人的谅解，化解矛盾，促进社会和谐。

42. 对于因受到犯罪行为侵害、无法及时获得有效赔偿、存在特殊生活困难的被害人及其亲属，由有关方面给予适当的资金救助，有利于化解矛盾纠纷，促进社会和谐稳定。各地法院要结合当地实际，在党委、政府的统筹协调和具体指导下，落实好、执行好刑事被害人救助制度，确保此项工作顺利开展，取得实效。

43. 对减刑、假释案件，要采取开庭审理与书面审理相结合的方式。对于职务犯罪案件，尤其是原为县处级以上领导干部罪犯的减刑、假释案件，要一律开庭审理。对于故意杀人、抢劫、故意伤害等严重危害社会治安的暴力犯罪分子，有组织犯罪案件中的首要分子和其他主犯以及其他重大、有影响案件罪犯的减刑、假释，原则上也要开庭审理。书面审理的案件，拟裁定减刑、假释的，要在羁押场所公示拟减刑、假释人员名单，接受其他在押罪犯的广泛监督。

44. 要完善对刑事审判人员贯彻宽严相济刑事政策的监督机制，防止宽严失当、枉法裁判、以权谋私。要改进审判考核考评指标体系，完善错案认定标准和错案责任追究制度，完善法官考核机制。要切实改变单纯以改判率、发回重审率的高低来衡量刑事审判工作质量和法官业绩的做法。要探索建立既能体现审判规律、符合法官职业特点，又能准确反映法官综合素质和司法能力的考评体制，对法官审理刑事案件质量，落实宽严相济刑事政策，实现刑事审判法律效果和社会效果有机统一进行全面、科学的考核。

45. 各级人民法院要加强与公安机关、国家安全机关、人民检察院、司法行政机关等部门的联系和协调，建立经常性的工作协调机制，共同研究贯彻宽严相济刑事政策的工作措施，及时解决工作中出现的具体问题。要根据"分工负责、相互配合、相互制约"的法律原则，加强与公安机关、人民检察院的工作联系，既各司其职，又进一步形成合力，不断提高司法公信，维护司法权威。要在律师辩护代理、法律援助、监狱提请减刑假释、开展社区矫正等方面加强与司法行政机关的沟通和协调，促进宽严相济刑事政策的有效实施。

人民检察院刑事诉讼规则（节录）

（2019年12月2日最高人民检察院第十三届检察委员会第二十八次会议通过 2019年12月30日最高人民检察院公告公布 自2019年12月30日起施行 高检发释字〔2019〕4号）

……

第六百二十九条 人民检察院发现人民法院、监狱、看守所、公安机关暂予监外执行的活动具有下列情形之一的，应当依法提出纠正意见：

（一）将不符合法定条件的罪犯提请、决定暂予监外执行的；

（二）提请、决定暂予监外执行的程序违反法律规定或者没有完备的合法手续，或者对于需要保外就医的罪犯没有省级人民政府指定医院的诊断证明和开具的证明文件的；

（三）监狱、看守所提出暂予监外执行书面意见，没有同时将书面意见副本抄送人民检察院的；

（四）罪犯被决定或者批准暂予监外执行后，未依法交付罪犯居住地社区矫正机构实行社区矫正的；

（五）对符合暂予监外执行条件的罪犯没有依法提请暂予监外执行的；

（六）人民法院在作出暂予监外执行决定前，没有依法征求人民检察院意见的；

（七）发现罪犯不符合暂予监外执行条件，在暂予监外执行期间严重违反暂予监外执行监督管理规定，或者暂予监外执行的条件消失且刑期未满，应当收监执行而未及时收监执行的；

（八）人民法院决定将暂予监外执行的罪犯收监执行，并将有关法律文书送达公安机关、监狱、看守所后，监狱、看守所未及时收监执行的；

（九）对不符合暂予监外执行条件的罪犯通过贿赂、欺骗等非法手段被暂予监外执行以及在暂予监外执行期间脱逃的罪犯，监狱、看守所未建议人民法院将其监外执行期间、脱逃期间不计入执行刑期或者对罪犯执行刑期计算的建议违法、不当的；

（十）暂予监外执行的罪犯刑期届满，未及时办理释放手续的；

（十一）其他违法情形。

第六百三十条 人民检察院收到监狱、看守所抄送的暂予监外执行书面意见副本后，应当逐案进行审查，发现罪犯不符合暂予监外执行法定条件或者提请暂予监外执行违反法定程序的，应当在十日以内报经检察长批准，向决定或者批准机关提出书面检察意见，同时抄送执行机关。

第六百三十一条　人民检察院接到决定或者批准机关抄送的暂予监外执行决定书后，应当及时审查下列内容：

（一）是否属于被判处有期徒刑或者拘役的罪犯；

（二）是否属于有严重疾病需要保外就医的罪犯；

（三）是否属于怀孕或者正在哺乳自己婴儿的妇女；

（四）是否属于生活不能自理，适用暂予监外执行不致危害社会的罪犯；

（五）是否属于适用保外就医可能有社会危险性的罪犯，或者自伤自残的罪犯；

（六）决定或者批准机关是否符合刑事诉讼法第二百六十五条第五款的规定；

（七）办理暂予监外执行是否符合法定程序。

第六百三十二条　人民检察院经审查认为暂予监外执行不当的，应当自接到通知之日起一个月以内，向决定或者批准暂予监外执行的机关提出纠正意见。下级人民检察院认为暂予监外执行不当的，应当立即层报决定或者批准暂予监外执行的机关的同级人民检察院，由其决定是否向决定或者批准暂予监外执行的机关提出纠正意见。

第六百三十三条　人民检察院向决定或者批准暂予监外执行的机关提出不同意暂予监外执行的书面意见后，应当监督其对决定或者批准暂予监外执行的结果进行重新核查，并监督重新核查的结果是否符合法律规定。对核查不符合法律规定的，应当依法提出纠正意见，并向上一级人民检察院报告。

第六百三十四条　对于暂予监外执行的罪犯，人民检察院发现罪犯不符合暂予监外执行条件、严重违反有关暂予监外执行的监督管理规定或者暂予监外执行的情形消失而罪犯刑期未满的，应当通知执行机关收监执行，或者建议决定或者批准暂予监外执行的机关作出收监执行决定。

第六百三十五条　人民检察院收到执行机关抄送的减刑、假释建议书副本后,应当逐案进行审查。发现减刑、假释建议不当或者提请减刑、假释违反法定程序的,应当在十日以内报经检察长批准,向审理减刑、假释案件的人民法院提出书面检察意见,同时也可以向执行机关提出书面纠正意见。案情复杂或者情况特殊的,可以延长十日。

第六百三十六条　人民检察院发现监狱等执行机关提请人民法院裁定减刑、假释的活动具有下列情形之一的,应当依法提出纠正意见:

(一)将不符合减刑、假释法定条件的罪犯,提请人民法院裁定减刑、假释的;

(二)对依法应当减刑、假释的罪犯,不提请人民法院裁定减刑、假释的;

(三)提请对罪犯减刑、假释违反法定程序,或者没有完备的合法手续的;

(四)提请对罪犯减刑的减刑幅度、起始时间、间隔时间或者减刑后又假释的间隔时间不符合有关规定的;

(五)被提请减刑、假释的罪犯被减刑后实际执行的刑期或者假释考验期不符合有关法律规定的;

(六)其他违法情形。

第六百三十七条　人民法院开庭审理减刑、假释案件,人民检察院应当指派检察人员出席法庭,发表意见。

第六百三十八条　人民检察院收到人民法院减刑、假释的裁定书副本后,应当及时审查下列内容:

(一)被减刑、假释的罪犯是否符合法定条件,对罪犯减刑的减刑幅度、起始时间、间隔时间或者减刑后又假释的间隔时间、罪犯被减刑后实际执行的刑期或者假释考验期是否符合有关规定;

(二)执行机关提请减刑、假释的程序是否合法;

(三)人民法院审理、裁定减刑、假释的程序是否合法;

(四)人民法院对罪犯裁定不予减刑、假释是否符合有关规定;

（五）人民法院减刑、假释裁定书是否依法送达执行并向社会公布。

第六百三十九条 人民检察院经审查认为人民法院减刑、假释的裁定不当，应当在收到裁定书副本后二十日以内，向作出减刑、假释裁定的人民法院提出纠正意见。

第六百四十条 对人民法院减刑、假释裁定的纠正意见，由作出减刑、假释裁定的人民法院的同级人民检察院书面提出。

下级人民检察院发现人民法院减刑、假释裁定不当的，应当向作出减刑、假释裁定的人民法院的同级人民检察院报告。

第六百四十一条 人民检察院对人民法院减刑、假释的裁定提出纠正意见后，应当监督人民法院是否在收到纠正意见后一个月以内重新组成合议庭进行审理，并监督重新作出的裁定是否符合法律规定。对最终裁定不符合法律规定的，应当向同级人民法院提出纠正意见。

第六百四十二条 人民检察院发现社区矫正决定机关、看守所、监狱、社区矫正机构在交付、接收社区矫正对象活动中违反有关规定的，应当依法提出纠正意见。

第六百四十三条 人民检察院发现社区矫正执法活动具有下列情形之一的，应当依法提出纠正意见：

（一）社区矫正对象报到后，社区矫正机构未履行法定告知义务，致使其未按照有关规定接受监督管理的；

（二）违反法律规定批准社区矫正对象离开所居住的市、县，或者违反人民法院禁止令的内容批准社区矫正对象进入特定区域或者场所的；

（三）没有依法监督管理而导致社区矫正对象脱管的；

（四）社区矫正对象违反监督管理规定或者人民法院的禁止令，未依法予以警告、未提请公安机关给予治安管理处罚的；

（五）对社区矫正对象有殴打、体罚、虐待、侮辱人格、强迫其参加超时间或者超体力社区服务等侵犯其合法权利行为的；

（六）未依法办理解除、终止社区矫正的；

（七）其他违法情形。

第六百四十四条 人民检察院发现对社区矫正对象的刑罚变更执行活动具有下列情形之一的，应当依法提出纠正意见：

（一）社区矫正机构未依法向人民法院、公安机关、监狱管理机关提出撤销缓刑、撤销假释建议或者对暂予监外执行的收监执行建议，或者未依法向人民法院提出减刑建议的；

（二）人民法院、公安机关、监狱管理机关未依法作出裁定、决定，或者未依法送达的；

（三）公安机关未依法将罪犯送交看守所、监狱，或者看守所、监狱未依法收监执行的；

（四）公安机关未依法对在逃的罪犯实施追捕的；

（五）其他违法情形。

……

最高人民法院、最高人民检察院、公安部、司法部关于对判处管制、宣告缓刑的犯罪分子适用禁止令有关问题的规定（试行）

（2011年4月28日　法发〔2011〕9号）

为正确适用《中华人民共和国刑法修正案（八）》，确保管制和缓刑的执行效果，根据刑法和刑事诉讼法的有关规定，现就判处管制、宣告缓刑的犯罪分子适用禁止令的有关问题规定如下：

第一条 对判处管制、宣告缓刑的犯罪分子，人民法院根据犯罪情况，认为从促进犯罪分子教育矫正、有效维护社会秩序的需要出发，确有必要禁止其在管制执行期间、缓刑考验期限内从事特定活动，进入特定区域、场所，接触特定人的，可以根据刑法第三十八条第二款、第七十二条第二款的规定，同时宣告禁止令。

第二条 人民法院宣告禁止令，应当根据犯罪分子的犯罪原因、犯罪性质、犯罪手段、犯罪后的悔罪表现、个人一贯表现等情况，充分考虑与犯罪分子所犯罪行的关联程度，有针对性地决定禁止其在管制执行期间、缓刑考验期限内"从事特定活动，进入特定区域、场所，接触特定的人"的一项或者几项内容。

第三条 人民法院可以根据犯罪情况，禁止判处管制、宣告缓刑的犯罪分子在管制执行期间、缓刑考验期限内从事以下一项或者几项活动：

（一）个人为进行违法犯罪活动而设立公司、企业、事业单位或者在设立公司、企业、事业单位后以实施犯罪为主要活动的，禁止设立公司、企业、事业单位；

（二）实施证券犯罪、贷款犯罪、票据犯罪、信用卡犯罪等金融犯罪的，禁止从事证券交易、申领贷款、使用票据或者申领、使用信用卡等金融活动；

（三）利用从事特定生产经营活动实施犯罪的，禁止从事相关生产经营活动；

（四）附带民事赔偿义务未履行完毕，违法所得未追缴、退赔到位，或者罚金尚未足额缴纳的，禁止从事高消费活动；

（五）其他确有必要禁止从事的活动。

第四条 人民法院可以根据犯罪情况，禁止判处管制、宣告缓刑的犯罪分子在管制执行期间、缓刑考验期限内进入以下一类或者几类区域、场所：

（一）禁止进入夜总会、酒吧、迪厅、网吧等娱乐场所；

（二）未经执行机关批准，禁止进入举办大型群众性活动的场所；

（三）禁止进入中小学校区、幼儿园园区及周边地区，确因本人就学、居住等原因，经执行机关批准的除外；

（四）其他确有必要禁止进入的区域、场所。

第五条 人民法院可以根据犯罪情况，禁止判处管制、宣告缓刑的犯罪分子在管制执行期间、缓刑考验期限内接触以下一类或者几类人员：

（一）未经对方同意，禁止接触被害人及其法定代理人、近亲属；

（二）未经对方同意，禁止接触证人及其法定代理人、近亲属；

（三）未经对方同意，禁止接触控告人、批评人、举报人及其法定代理人、近亲属；

（四）禁止接触同案犯；

（五）禁止接触其他可能遭受其侵害、滋扰的人或者可能诱发其再次危害社会的人。

第六条 禁止令的期限，既可以与管制执行、缓刑考验的期限相同，也可以短于管制执行、缓刑考验的期限，但判处管制的，禁止令的期限不得少于三个月，宣告缓刑的，禁止令的期限不得少于二个月。

判处管制的犯罪分子在判决执行以前先行羁押以致管制执行的期限少于三个月的，禁止令的期限不受前款规定的最短期限的限制。

禁止令的执行期限，从管制、缓刑执行之日起计算。

第七条 人民检察院在提起公诉时，对可能判处管制、宣告缓刑的被告人可以提出宣告禁止令的建议。当事人、辩护人、诉讼代理人可以就应否对被告人宣告禁止令提出意见，并说明理由。

公安机关在移送审查起诉时，可以根据犯罪嫌疑人涉嫌犯罪的情况，就应否宣告禁止令及宣告何种禁止令，向人民检察院提出意见。

第八条 人民法院对判处管制、宣告缓刑的被告人宣告禁止令的，应当在裁判文书主文部分单独作为一项予以宣告。

第九条 禁止令由司法行政机关指导管理的社区矫正机构负责执行。

第十条 人民检察院对社区矫正机构执行禁止令的活动实行监督。发现有违反法律规定的情况,应当通知社区矫正机构纠正。

第十一条 判处管制的犯罪分子违反禁止令,或者被宣告缓刑的犯罪分子违反禁止令尚不属情节严重的,由负责执行禁止令的社区矫正机构所在地的公安机关依照《中华人民共和国治安管理处罚法》第六十条的规定处罚。

第十二条 被宣告缓刑的犯罪分子违反禁止令,情节严重的,应当撤销缓刑,执行原判刑罚。原作出缓刑裁判的人民法院应当自收到当地社区矫正机构提出的撤销缓刑建议书之日起一个月内依法作出裁定。人民法院撤销缓刑的裁定一经作出,立即生效。

违反禁止令,具有下列情形之一的,应当认定为"情节严重":

(一)三次以上违反禁止令的;

(二)因违反禁止令被治安管理处罚后,再次违反禁止令的;

(三)违反禁止令,发生较为严重危害后果的;

(四)其他情节严重的情形。

第十三条 被宣告禁止令的犯罪分子被依法减刑时,禁止令的期限可以相应缩短,由人民法院在减刑裁定中确定新的禁止令期限。

最高人民法院、最高人民检察院、公安部、司法部关于对因犯罪在大陆受审的台湾居民依法适用缓刑实行社区矫正有关问题的意见

(2016年7月26日 法发〔2016〕33号)

为维护因犯罪在大陆受审的台湾居民的合法权益,保障缓刑的依法适用和执行,根据《中华人民共和国刑法》《中华人民共和国刑

事诉讼法》和《社区矫正实施办法》等有关规定，结合工作实际，制定本意见。

第一条 对因犯罪被判处拘役、三年以下有期徒刑的台湾居民，如果其犯罪情节较轻、有悔罪表现、没有再犯罪的危险且宣告缓刑对所居住社区没有重大不良影响的，人民法院可以宣告缓刑，对其中不满十八周岁的人、怀孕的妇女和已满七十五周岁的人，应当宣告缓刑。

第二条 人民检察院建议对被告人宣告缓刑的，应当说明依据和理由。

被告人及其法定代理人、辩护人提出宣告缓刑的请求，应当说明理由，必要时需提交经过台湾地区公证机关公证的被告人在台湾地区无犯罪记录证明等相关材料。

第三条 公安机关、人民检察院、人民法院需要委托司法行政机关调查评估宣告缓刑对社区影响的，可以委托犯罪嫌疑人、被告人在大陆居住地的县级司法行政机关，也可以委托适合协助社区矫正的下列单位或者人员所在地的县级司法行政机关：

（一）犯罪嫌疑人、被告人在大陆的工作单位或者就读学校；

（二）台湾同胞投资企业协会、台湾同胞投资企业；

（三）其他愿意且有能力协助社区矫正的单位或者人员。

已经建立涉台社区矫正专门机构的地方，可以委托该机构所在地的县级司法行政机关调查评估。

根据前两款规定仍无法确定接受委托的调查评估机关的，可以委托办理案件的公安机关、人民检察院、人民法院所在地的县级司法行政机关。

第四条 司法行政机关收到委托后，一般应当在十个工作日内向委托机关提交调查评估报告；对提交调查评估报告的时间另有规定的，从其规定。

司法行政机关开展调查评估，可以请当地台湾同胞投资企业协会、台湾同胞投资企业以及犯罪嫌疑人、被告人在大陆的监护人、亲友等协助提供有关材料。

第五条 人民法院对被告人宣告缓刑时，应当核实其居住地或者本意见第三条规定的有关单位、人员所在地，书面告知被告人应当自判决、裁定生效后十日内到社区矫正执行地的县级司法行政机关报到，以及逾期报到的法律后果。

缓刑判决、裁定生效后，人民法院应当在十日内将判决书、裁定书、执行通知书等法律文书送达社区矫正执行地的县级司法行政机关，同时抄送该地县级人民检察院和公安机关。

第六条 对被告人宣告缓刑的，人民法院应当及时作出不准出境决定书，同时依照有关规定办理边控手续。

实施边控的期限为缓刑考验期限。

第七条 对缓刑犯的社区矫正，由其在大陆居住地的司法行政机关负责指导管理、组织实施；在大陆没有居住地的，由本意见第三条规定的有关司法行政机关负责。

第八条 为缓刑犯确定的社区矫正小组可以吸收下列人员参与：

（一）当地台湾同胞投资企业协会、台湾同胞投资企业的代表；

（二）在大陆居住或者工作的台湾同胞；

（三）缓刑犯在大陆的亲友；

（四）其他愿意且有能力参与社区矫正工作的人员。

第九条 根据社区矫正需要，司法行政机关可以会同相关部门，协调台湾同胞投资企业协会、台湾同胞投资企业等，为缓刑犯提供工作岗位、技能培训等帮助。

第十条 对于符合条件的缓刑犯，可以依据《海峡两岸共同打击犯罪及司法互助协议》，移交台湾地区执行。

第十一条 对因犯罪在大陆受审、执行刑罚的台湾居民判处管制、裁定假释、决定或者批准暂予监外执行，实行社区矫正的，可以参照适用本意见的有关规定。

第十二条 本意见自 2017 年 1 月 1 日起施行。

司法部办公厅关于规范社区矫正对象在被采取刑事强制措施或者被提请撤销缓刑、撤销假释、收监执行期间矫正期满社区矫正执法适用的通知

（2021年11月22日 司办通〔2021〕94号）

各省、自治区、直辖市司法厅（局）、新疆生产建设兵团司法局：

《中华人民共和国社区矫正法》2020年7月1日正式施行以来，司法部陆续收到多地关于社区矫正对象在被采取刑事强制措施或者被提请撤销缓刑、撤销假释、收监执行期间矫正期满能否解除矫正问题的请示。为规范此类问题的执法适用，经认真研究并征求有关部门意见，现通知如下：

对于社区矫正对象在被采取刑事强制措施或者被提请撤销缓刑、撤销假释、收监执行期间矫正期满的，如果相关部门已经作出撤销缓刑、撤销假释裁定或者收监执行决定的，应当按照《中华人民共和国社区矫正法》第四十五条的规定，终止社区矫正；如果相关部门尚未作出裁定或决定，则应当根据《中华人民共和国社区矫正法》第四十四条的规定，由社区矫正机构及时办理解除矫正手续，但是对于社区矫正对象被羁押等原因无法发放解除社区矫正证明书的，可以暂缓发放。对于提请撤销缓刑、撤销假释且尚未羁押的社区矫正对象，考虑其可能逃跑或者可能发生社会危险，应当根据《中华人民共和国社区矫正法》及"两高两部"《中华人民共和国社区矫正法实施办法》相关规定，依法提请逮捕。

请指导各地按此通知办理相关执法事宜并做好协调工作，执行中如遇到问题请及时反馈司法部社区矫正管理局。

特此通知。

最高人民法院、最高人民检察院、公安部、国家安全部、司法部、国家卫生健康委关于进一步规范暂予监外执行工作的意见

(2023年5月28日　司发通〔2023〕24号)

为进一步依法准确适用暂予监外执行，确保严格规范公正文明执法，根据《中华人民共和国刑事诉讼法》《中华人民共和国监狱法》《中华人民共和国社区矫正法》等有关法律和《暂予监外执行规定》，结合工作实际，提出如下意见：

一、进一步准确把握相关诊断检查鉴别标准

1.《暂予监外执行规定》中的"短期内有生命危险"，是指罪犯所患疾病病情危重，有临床生命体征改变，并经临床诊断和评估后确有短期内发生死亡可能的情形。诊断医院在《罪犯病情诊断书》注明"短期内有死亡风险"或者明确出具病危通知书，视为"短期内有生命危险"。临床上把某种疾病评估为"具有发生猝死的可能"一般不作为"短期内有生命危险"的情形加以使用。

罪犯就诊的医疗机构七日内出具的病危通知书可以作为诊断医院出具《罪犯病情诊断书》的依据。

2.《保外就医严重疾病范围》中的"久治不愈"是指所有范围内疾病均应有规范治疗过程，仍然不能治愈或好转者，才符合《保外就医严重疾病范围》医学条件。除《保外就医严重疾病范围》明确规定需经规范治疗的情形外，"久治不愈"是指经门诊治疗和/或住院治疗并经临床评估后仍病情恶化或未见好转的情形。在诊断过程中，经评估确认短期内有生命危险，即符合保外就医医学条件。

3.《保外就医严重疾病范围》关于"严重功能障碍"中的"严

重"，一般对应临床上实质脏器（心、肺、肝、肾、脑、胰腺等）功能障碍"中度及以上的"的分级标准。

4.《保外就医严重疾病范围》关于患精神疾病罪犯"无服刑能力"的评估，应当以法医精神病司法鉴定意见为依据。精神疾病的发作和控制、是否为反复发作，应当以省级人民政府指定医院的诊断结果为依据。

5.《暂予监外执行规定》中"生活不能自理"的鉴别参照《劳动能力鉴定 职工工伤与职业病致残等级（GB/T 16180—2014）》执行。进食、翻身、大小便、穿衣洗漱、自主行动等五项日常生活行为中有三项需要他人协助才能完成，且经过六个月以上治疗、护理和观察，自理能力不能恢复的，可以认定为生活不能自理。六十五周岁以上的罪犯，上述五项日常生活行为有一项需要他人协助才能完成即可视为生活不能自理。

二、进一步规范病情诊断和妊娠检查

6. 暂予监外执行病情诊断和妊娠检查应当在省级人民政府指定的医院进行，病情诊断由两名具有副高以上专业技术职称的医师负责，妊娠检查由两名具有中级以上专业技术职称的医师负责。

罪犯被送交监狱执行刑罚前，人民法院决定暂予监外执行的，组织诊断工作由人民法院负责。

7. 医院应当在收到人民法院、公安机关、监狱管理机关、监狱委托书后五个工作日内组织医师进行诊断检查，并在二十个工作日内完成并出具《罪犯病情诊断书》。对于罪犯病情严重必须立即保外就医的，受委托医院应当在三日内完成诊断并出具《罪犯病情诊断书》。

8. 医师应当认真查看医疗文件，亲自诊查病人，进行合议并出具意见，填写《罪犯病情诊断书》或《罪犯妊娠检查书》，并附三个月内的客观诊断依据。《罪犯病情诊断书》《罪犯妊娠检查书》由两名负责诊断检查的医师签名，并经主管业务院长审核签名后，加盖诊断医院公章。

《罪犯病情诊断书》或《罪犯妊娠检查书》应当包括罪犯基本

情况、医学检查情况、诊断检查意见等内容,诊断依据应当包括疾病诊断结果、疾病严重程度评估等。罪犯病情诊断意见关于病情的表述应当符合《保外就医严重疾病范围》相应条款。

《罪犯病情诊断书》自出具之日起三个月内可以作为人民法院、公安机关、监狱管理机关决定或批准暂予监外执行的依据。超过三个月的,人民法院、公安机关、监狱应当委托医院重新进行病情诊断,并出具《罪犯病情诊断书》。

9. 医师对诊断检查意见有分歧的,应当在《罪犯病情诊断书》或《罪犯妊娠检查书》中写明分歧内容和理由,分别签名或者盖章。因意见分歧无法作出一致结论的,人民法院、公安机关、监狱应当委托其他同等级或者以上等级的省级人民政府指定的医院重新组织诊断检查。

10. 在暂予监外执行工作中,司法工作人员或者参与诊断检查的医师与罪犯有近亲属关系或者其他利害关系的应当回避。

三、进一步严格决定批准审查和收监执行审查

11. 人民法院、公安机关、监狱管理机关决定或批准暂予监外执行时,采取书面审查方式进行。审查过程中,遇到涉及病情诊断、妊娠检查或生活不能自理鉴别意见专业疑难问题时,可以委托法医技术人员或省级人民政府指定医院具有副高以上职称的医师审核并出具意见,审核意见作为是否暂予监外执行的参考。

12. 对于病情严重适用立即保外就医程序的,公安机关、监狱管理机关应当在罪犯保外就医后三个工作日内召开暂予监外执行评审委员会予以确认。

13. 对在公示期间收到不同意见,或者在社会上有重大影响、社会关注度高的罪犯,或者其他有听证审查必要的,监狱、看守所提请暂予监外执行,人民法院、公安机关、监狱管理机关决定或批准暂予监外执行,可以组织听证。听证意见作为是否提请或批准、决定暂予监外执行的参考。

听证时,应当通知罪犯、其他申请人、公示期间提出不同意见的人等有关人员参加。人民法院、公安机关、监狱管理机关、监狱或者看守所组织听证，还应当通知同级人民检察院派员参加。

人民检察院经审查认为需要以听证方式办理暂予监外执行案件和收监执行监督案件的，人民法院、公安机关、监狱管理机关、监狱或者看守所应当予以协同配合提供支持。

14. 人民法院、人民检察院、公安机关、监狱管理机关审查社区矫正机构收监执行的建议，一般采取书面审查方式，根据工作需要也可以组织核查。社区矫正机构应当同时提交罪犯符合收监情形、有不计入执行刑期情形等相关证明材料，在《收监执行建议书》中注明并提出明确意见。人民法院、公安机关、监狱管理机关经审查认为符合收监情形的，应当出具收监执行决定书，送社区矫正机构并抄送同级人民检察院；不符合收监情形的，应当作出不予收监执行决定书并抄送同级人民检察院。公安机关、监狱应当在收到收监执行决定书之日起三日内将罪犯收监执行。

对于人民法院、公安机关、监狱管理机关经审查认为需要补充材料并向社区矫正机构提出的，社区矫正机构应当在十五个工作日内补充完成。

15. 对暂予监外执行期间因犯新罪或者发现判决宣告以前还有其他罪没有判决，被侦查机关采取强制措施的罪犯，社区矫正机构接到侦查机关通知后，应当通知罪犯原服刑或接收其档案的监狱、看守所。对被判处监禁刑罚的，应当由原服刑的监狱、看守所收监执行；原服刑的监狱、看守所与接收其档案的监狱、看守所不一致的，应当由接收其档案的监狱、看守所收监执行。对没有被判处监禁刑罚，社区矫正机构认为符合收监情形的，应当提出收监执行建议，并抄送执行地县级人民检察院。

16. 对不符合暂予监外执行条件的罪犯通过贿赂等非法手段被暂予监外执行的，应当由原暂予监外执行决定或批准机关作出收监执行的决定并抄送同级人民检察院，将罪犯收监执行。罪犯收监执行后，监狱或者看守所应当向所在地中级人民法院提出不计入执行刑期的建议书。人民法院应当自收到建议书之日起一个月内依法对罪犯的刑期重新计算作出裁定。

人民检察院发现不符合暂予监外执行条件的罪犯通过贿赂等非法手段被暂予监外执行的,应当向原暂予监外执行决定或批准机关提出纠正意见并附相关材料。原暂予监外执行决定或批准机关应当重新进行核查,并将相关情况反馈人民检察院。

原暂予监外执行决定或批准机关作出收监执行的决定后,对刑期已经届满的,罪犯原服刑或接收其档案的监狱或者看守所应当向所在地中级人民法院提出不计入执行刑期的建议书,人民法院审核裁定后,应当将罪犯收监执行。人民法院决定收监执行的,应当一并作出重新计算刑期的裁定,通知执行地公安机关将罪犯送交原服刑或接收其档案的监狱或者看守所收监执行。罪犯收监执行后应当继续执行的刑期自收监之日起计算。

被决定收监执行的罪犯在逃的,由罪犯社区矫正执行地县级公安机关负责追捕。原暂予监外执行决定或批准机关作出的收监执行决定可以作为公安机关追逃依据。

四、进一步强化全过程监督制约

17. 人民检察院应当对暂予监外执行进行全程法律监督。罪犯病情诊断、妊娠检查前,人民法院、监狱、看守所应当将罪犯信息、时间和地点至少提前一个工作日向人民检察院通报。对具有"短期内有生命危险"情形的应当立即通报。人民检察院可以派员现场监督诊断检查活动。

人民法院、公安机关、监狱应当在收到病情诊断意见、妊娠检查结果后三个工作日内将《罪犯病情诊断书》或者《罪犯妊娠检查书》及诊断检查依据抄送人民检察院。

人民检察院可以依法向有关单位和人员调查核实情况,调阅复制案卷材料,并可以参照本意见第6至11条重新组织对被告人、罪犯进行诊断、检查或者鉴别等。

18. 人民法院、公安机关、监狱管理机关、监狱、看守所、社区矫正机构要依法接受检察机关的法律监督，认真听取检察机关的意见、建议。

19. 人民法院、人民检察院、公安机关、监狱管理机关、监狱、看守所应当邀请人大代表、政协委员或者有关方面代表作为监督员对暂予监外执行工作进行监督。

20. 人民法院、公安机关、监狱管理机关办理暂予监外执行案件，除病情严重必须立即保外就医的，应当在立案或收到监狱、看守所提请暂予监外执行建议后五个工作日内将罪犯基本情况、原判认定的罪名和刑期、申请或者启动暂予监外执行的事由，以及病情诊断、妊娠检查、生活不能自理鉴别的结果向社会公示。依法不予公开的案件除外。

公示应当载明提出意见的方式，期限为三日。对提出异议的，人民法院、公安机关、监狱管理机关应当在调查核实后五个工作日内予以回复。

21. 人民法院、公安机关、监狱管理机关应当在决定或批准之日起十个工作日内，将暂予监外执行决定书在互联网公开。对在看守所、监狱羁押或服刑的罪犯，因病情严重适用立即保外就医程序的，应当在批准之日起三个工作日内在看守所、监狱进行为期五日的公告。

22. 各省、自治区、直辖市高级人民法院、人民检察院、公安厅（局）、司法厅（局）、卫生健康委应当共同建立暂予监外执行诊断检查医院名录，并在省级人民政府指定的医院相关文件中及时向社会公布并定期更新。

23. 罪犯暂予监外执行决定书有下列情形之一的，不予公开：

（一）涉及国家秘密的；

（二）未成年人犯罪的；

（三）人民法院、公安机关、监狱管理机关认为不宜公开的其他情形。

人民法院、公安机关、监狱管理机关、监狱应当对拟公开的暂予监外执行决定书中涉及罪犯家庭住址、身份证号码等个人隐私的信息作技术处理，但应当载明暂予监外执行的情形。

五、进一步加强社区矫正衔接配合和监督管理

24. 社区矫正机构应当加强与人民法院、人民检察院、公安机关、监狱管理机关以及存放或者接收罪犯档案的监狱、看守所的衔接配合，建立完善常态化联系机制。需要对社区矫正对象采取限制出境措施的，应当按有关规定办理。

25. 社区矫正机构应当加强暂予监外执行罪犯定期身体情况报告监督和记录，对保外就医的，每三个月审查病情复查情况，并根据需要向人民法院、人民检察院、公安机关、监狱管理机关，存放或者接收罪犯档案的监狱、看守所反馈。对属于患严重疾病、久治不愈的，社区矫正机构可以结合具保情况、家庭状况、经济条件等，延长罪犯复查期限，并通报执行地县级人民检察院。

26. 社区矫正机构根据工作需要，组织病情诊断、妊娠检查或者生活不能自理的鉴别，应当通报执行地县级人民检察院，并可以邀请人民法院、人民检察院、公安机关、监狱管理机关、监狱、看守所参加。人民法院、人民检察院、公安机关、监狱管理机关、监狱、看守所依法配合社区矫正工作。

27. 社区矫正工作中，对暂予监外执行罪犯组织病情诊断、妊娠检查或者生活不能自理的鉴别应当参照本意见第 6 至 11 条执行。

六、进一步严格工作责任

28. 暂予监外执行组织诊断检查、决定批准和执行工作，实行"谁承办谁负责、谁主管谁负责、谁签字谁负责"的办案责任制。

29. 在暂予监外执行工作中，司法工作人员或者从事病情诊断检查等工作的相关人员有玩忽职守、徇私舞弊等行为的，一律依法依纪追究责任；构成犯罪的，依法追究刑事责任。在案件办理中，发现司法工作人员相关职务犯罪线索的，及时移送检察机关。

30. 在暂予监外执行工作中，司法工作人员或者从事病情诊断检查等工作的相关人员依法履行职责，没有故意或重大过失，不能仅以罪犯死亡、丧失暂予监外执行条件、违反监督管理规定或者重新犯罪而被追究责任。

31. 国家安全机关办理危害国家安全的刑事案件，涉及暂予监外执行工作的，适用本意见。

32. 本意见自 2023 年 7 月 1 日起施行。此前有关规定与本意见不一致的，以本意见为准。

社区矫正术语（SF/T 0055—2019）

（2019 年 9 月 30 日）

前　言

本标准按照 GB/T 1.1—2009 给出的规则起草。

请注意本文件的某些内容可能涉及专利。本文件的发布机构不承担识别这些专利的责任。

本标准由中华人民共和国司法部提出。

本标准由司法部信息中心归口。

本标准起草单位：司法部社区矫正管理局、上海市社区矫正管理局。

本标准主要起草人：姜爱东、林振文、刘晔、郭健、肖运出、钟蕾、田航军、乔明强、符佳华。

社区矫正术语

1　范围

本标准规定了社区矫正领域常用的基础术语、业务术语、统计与评价指标术语、信息化术语和社区矫正相关机构与装备简称。

本标准适用于社区矫正业务管理与应用以及社区矫正信息化相

关系统的规划、设计、建设与运维。

2 基础术语

2.1

社区矫正 community-corrections

将符合法定条件的罪犯置于社区内，由社区矫正机构在有关部门、社会组织和志愿者的协助下，在判决、裁定或决定确定的期限内，矫正其犯罪心理和行为恶习的非监禁刑罚执行活动。

注：引自 2012 年 3 月 1 日实施的最高人民法院、最高人民检察院、公安部、司法部《社区矫正实施办法》第三条。

2.2

社区矫正决定机关 community-corrections ruling authority

依法判处罪犯管制、宣告缓刑、裁定假释和决定暂予监外执行的人民法院和依法批准罪犯暂予监外执行的监狱管理机关、公安机关。

2.3

社区矫正机构 community-corrections institution

刑事诉讼法规定的社区矫正的执行机关。

注：社区矫正机构由县级以上地方人民政府根据需要设置。

2.4

社区矫正委员会 community-corrections committee

矫委会 correction committee

由乡镇以上地方人民政府依法设立，负责组织、协调和指导本行政区域内社区矫正工作的议事协调机构。

2.5

社区矫正中心 community-corrections center

社矫中心 correction center

社区矫正机构根据工作需要，为组织实施社区矫正各项工作而建立的承担监督管理、教育矫正、适应性帮扶、应急处置等功能的专门执法场所和工作平台。

2.6

社区矫正对象 community-corrections subject

社矫对象 subject

被判处管制、宣告缓刑、假释或者暂予监外执行的罪犯。

2.7

未成年社区矫正对象 juvenile community-corrections subject

未成年对象 juvenile

犯罪时不满十八周岁的社区矫正对象。

2.8

重点社区矫正对象 community-corrections key subject

经评估需要重点监管的社区矫正对象。

2.9

社区矫正机构工作人员 community-corrections institution staff

社矫工作人员 institution staff

具备法律等专业知识，履行监督管理等执法职责，专职从事社区矫正工作的国家工作人员。

2.10

社区矫正社会工作者 community-corrections social worker

社工 social worker

具有社会工作专业知识和技能，在社区矫正机构组织下，协助开展社区矫正工作的人员。

2.11

社区矫正志愿者 community-corrections volunteer

志愿者 volunteer

具有一定专业技能，在社区矫正机构组织下，自愿为社区矫正工作开展提供无偿服务的社会人员。

3　业务术语

3.1

居住地 place of residence

社区矫正对象固定、合法的住所所在地的县（市、区、旗）。

3.2

执行地 place of enforcement

由社区矫正决定机关核实并确定的社区矫正对象的居住地。

3.3

居住地核实 residency verification

根据社区矫正决定机关的委托,社区矫正机构对被告人或者罪犯的居住地进行实地核实确认,提交委托机关的活动。

3.4

调查评估 investigation and evaluation

根据社区矫正决定机关的委托,社区矫正机构对被告人或者罪犯的社会危险性和对所居住社区的影响进行调查,形成评估报告提交委托机关的执法活动。

3.5

社区矫正接收 community-corrections reception

社区矫正机构依据生效的法律文书对社区矫正对象开展的核对法律文书、核实身份、办理接收登记和建立档案等一系列的执法活动。

3.6

入矫宣告 community-corrections reception announcement

社区矫正机构接收社区矫正对象后,在一定范围内宣告社区矫正对象的犯罪事实、执行社区矫正的期限以及应遵守的规定的执法活动。

3.7

解矫宣告 community-corrections discharge announcement

社区矫正机构在社区矫正对象矫正期满时,依法公开宣告解除社区矫正的执法活动。

3.8

执行地变更 change of residence

社区矫正对象因居所变化,经社区矫正机构批准发生的所居住地的变更。

3.9

矫正方案 correction plan

社区矫正机构根据社区矫正对象性别、年龄、犯罪情况、被判处的刑罚种类、悔罪表现、个性特征和生活环境等情况进行综合评估，制定的有针对性的监督管理和教育帮扶的方案。

3.10

矫正小组 community-corrections group

社区矫正机构为社区矫正对象确定的负责落实社区矫正措施的专门小组。

3.11

社区矫正执行档案 community-corrections enforcement archive

社区矫正对象适用社区矫正法律文书以及接收、监管审批、奖惩、收监执行和解除矫正等有关社区矫正执行活动的文书档案。

3.12

社区矫正工作档案 community-corrections work archive

社区矫正机构及矫正小组进行社区矫正的工作记录，社区矫正对象接受社区矫正的相关材料等。

3.13

报告 report

社区矫正对象定期或不定期向社区矫正机构反映其遵纪守法、接受监督管理、以及工作学习生活等情况的活动。

3.14

外出 leave of absence

经社区矫正机构批准同意社区矫正对象在规定时间离开并返回执行地的活动。

3.15

电子定位监管 supervision with electronic positioning system

借助电子设备,采用电子定位技术,掌握限制社区矫正对象的活动范围、加强监督管理的措施。

3.16

分类管理 hierarchical management

社区矫正机构根据社区矫正对象性别、年龄、犯罪情况、被判处的刑罚种类和悔罪表现等情况实行的分类差别化管理。

3.17

个别教育 individual education

社区矫正机构工作人员遵循分类管理和分别教育的原则,根据社区矫正对象的个体特点,采取针对性措施,矫正其不良心理及行为的教育矫正活动。

3.18

集中教育 centralized education

社区矫正机构组织社区矫正对象开展的集体教育矫正活动。

3.19

社区服务 community service

由社区矫正机构组织或认可,由有劳动能力的社区矫正对象向社会、社区及特定机构和个人提供公益性或补偿性的劳动或服务。

3.20

心理矫正 psychological correction

依据心理学的原理与技术,综合运用心理健康教育、心理测量与评估、心理咨询与疏导、心理危机干预及心理疾病转介等方法和手段,了解社区矫正对象的心理问题,帮助其调整改善不良认知,消除心理障碍,减少负面情绪,增强适应社会能力,提高教育矫正质量和效果的矫正措施。

3.21

社会适应性帮扶 adaptive support

各级社区矫正机构协调有关部门、社会组织和社会力量,帮助有困难和需求的社区矫正对象实现就业就学、获得社会救助和落实基本社会保障等，促进社区矫正对象顺利融入社会的各种帮扶活动。

3.22

再犯罪风险评估 risk evaluation of recidivism

根据社区矫正对象基本情况、现实行为表现及思想变化等主客观因素，对其再犯罪的可能性、危险性进行的一种评价活动。

3.23

再犯罪原因评估 factors of recidivism evaluation

对社区矫正对象在社区矫正期间再犯罪的主客观原因进行的分析和评估。

注：再犯罪原因评估为改进监督管理和教育帮扶措施服务。

3.24

脱管 disengaged from supervision

社区矫正对象在社区矫正期间脱离执行地社区矫正机构的监督管理，导致下落不明或者虽能查找到其下落但拒绝接受监督管理的情形。

3.25

漏管 oversight in supervision

人民法院、公安机关、司法行政机关在社区矫正对象交付接收工作中衔接脱节，或者社区矫正对象逃避监管、未按规定时间期限报到，造成没有及时执行社区矫正的情形。

3.26

社区矫正突发案（事）件 community-corrections emergency incident

社区矫正对象发生重大安全事故、参与重大群体性事件、发生重大刑事案件，造成恶劣社会影响或严重后果，需要采取紧急处置措施予以应对的案（事）件。

3.27

先行拘留 detention in advance

被提请撤销缓刑、假释的社区矫正对象具有法定情形,社区矫正机构依法提请人民法院对其作出拘留决定,并由法院通知公安机关执行的执法活动。

3.28

撤销缓刑 probation revocation

被宣告缓刑的社区矫正对象,在社区矫正期内,因违反法律、行政法规或者国务院有关部门关于缓刑的监督管理规定,或者违反法院判决中的禁止令情节严重,被人民法院依法撤销缓刑,执行原判刑罚的决定。

3.29

撤销假释 parole revocation

被裁定假释的社区矫正对象,在社区矫正期内,因违反法律、行政法规或者国务院有关部门关于假释的监督管理规定的行为,被人民法院依法撤销假释,收监执行原判刑罚未执行完毕的刑罚的决定。

3.30

暂予监外执行收监执行 revocation of execution outside the prison

收监执行 revocation of execution

暂予监外执行的社区矫正对象,发现不符合暂予监外执行条件的;严重违反有关暂予监外执行监督管理规定的;暂予监外执行的情形消失后;罪犯刑期未满的,被依法押送至监狱或看守所关押的活动。

3.31

社区矫正终止 termination of community-corrections

社区矫正对象被收监执行的,因犯新罪或者被发现在判决宣告以前还有其他罪没有判决而被判处刑罚的,或者社区矫正对象死亡等情形下,终结社区矫正的执法活动。

4 统计与评价指标术语

4.1

列管社区矫正对象人数 number of community-corrections subjects being supervised

列管人数 number of subjects being supervised

上个期间末在册社区矫正对象数量与本期间内新接收的社区矫正对象人数之和。

4.2

调查评估率 survey evaluation rate

在一个期间内,新接收社区矫正对象中开展过调查评估的人数占新接收社区矫正对象的比率。

4.3

电子监管率 electronic supervision rate

某一个时间节点,对在册社区矫正对象进行电子定位监管的人数占在册社区矫正对象数的比率。

4.4

警告率 warning rate

一个期间内,受到警告的社区矫正对象人次与列管人数的比率。

4.5

收监执行率 imprisonment and execution rate

一个期间内,社区矫正对象收监人数与列管人数的比率。

4.6

脱管率 disengaged from supervision rate

某一个时间节点,社区矫正对象脱管人数占在册社区矫正对象数的比率。

4.7

再犯罪率 recidivism rate

一个期间内，社区矫正对象再犯罪人数与列管人数的比率。

4.8

社区矫正小组配比率 community-corrections team ratio

一个期间内，为社区矫正对象确定专门的矫正小组数与在册社区矫正对象总数的比率。

4.9

教育矫正率 educational correction rate

一个期间内，社区矫正对象受到教育矫正总人次与列管人数的比率。

4.10

社会适应性帮扶率 social adaptive assistance rate

一个期间内，社区矫正对象受到帮扶的总人次与列管人数的比率。

4.11

社区矫正机构工作人员配比率 community-corrections staff ratio

在一个期间内，专职从事社区矫正的省、市、县国家工作人员数与在册社区矫正对象数的比率。

4.12

社区矫正社会工作者配比率 community-corrections social worker ratio

在一个期间内，参与社区矫正工作的专职社会工作者数与在册社区矫正对象数的比率。

4.13

社区矫正社会志愿者配比率 community-corrections social volunteer ratio

在一个期间内，参与社区矫正工作的社会志愿者数与在册社区矫正对象数的比率。

5 信息化术语

5.1

智慧矫正 smart community-corrections

将信息技术与社区矫正工作深度融合再造，实现人力、设备和信息等资源有效整合与优化配置，构建集自动化数据采集与共享、精准化大数据分析与研判、智能化管理决策与指挥调度等功能为一体的全流程智能化社区矫正信息化体系。

5.2

社区矫正一体化平台 community-corrections integrated information platform

纵向贯通部、省、市、县、乡五级，横向联通法院、检察院、公安和相关部门，融合大数据分析、人工智能、移动互联和物联网等技术，集成社区矫正各项智慧化融合应用，具备社区矫正全业务、全流程和全时段智能化统一运作管理功能的业务应用集成。

5.3

社区矫正数据中心 community-corrections data center

用于安置承载社区矫正业务数据、社区矫正对象相关数据以及法院、检察院和公安等相关部门数据的计算机系统及相关部件的设施。

注：社区矫正数据中心在符合相关规范的建筑场所中部署，或在部省级司法行政数据中心部署。

5.4

社区矫正指挥中心 community-corrections command center

集社区矫正中心监控、司法所监控、移动监控、电子定位监控和视频点名五位于一体，具备视频监控、指挥调度、视频点名、工作督察、智能分析和预测预警功能，对社区矫正工作进行综合应急指挥处置的平台。

5.5

社区矫正定位管理系统 positioning system of community-corrections subjects

运用计算机技术、地理信息技术、移动定位技术、通信技术和网络技术,实现对社区矫正对象的位置监控及管理,为社区矫正工作提供决策依据的信息系统。

5.6

社区矫正电子定位终端 community-corrections electronic positioning terminal

定位终端 positioning terminal

依托移动通信网络,具备定位等功能的社区矫正专用电子终端。

注:电子定位终端包括电子定位腕带、手机等。

5.7

社区矫正移动执法终端 community-corrections portable law enforcement terminal

移动执法终端 portable law enforcement terminal

为社区矫正机构工作人员配置的便携式、可移动的执法终端。

注:社区矫正移动执法终端实现移动执法管理,具备移动执法监管、音视频录音录像、人脸抓拍采集、移动无线图像传输、语音通信、社区矫正电子定位终端信息获取、生物特征获取、身份证读取及校验和扩展摄像等功能。

5.8

社区矫正移动执法车 community-corrections enforcement vehicle

社矫执法车 enforcement vehicle

在开放区域的条件下,依托移动通讯、GIS 和监控等技术,用于社区矫正日常业务和应急指挥调度的专业技术车辆。

5.9

自助矫正终端 self-service correcting terminal

具备身份证读取、声纹、人脸、指纹采集和比对，身份核验，报到登记，信息采集等与社区矫正一体化平台集成应用的一体机。

5.10

矫务通 mobile application for community-corrections institution staff

由社区矫正机构工作人员使用，用于社区矫正工作的移动应用。

5.11

协矫通 mobile application for community-corrections social staff

由参与社区矫正工作的社会工作者使用，用于协助开展社区矫正工作的移动应用。

5.12

在矫通 mobile application for subject of community-corrections

由社区矫正对象使用，用于接受社区矫正的移动应用。

6 社区矫正相关机构与装备简称

社区矫正相关机构与装备简称见表1。

表1 社区矫正相关机构与装备简称

序号	中文名称	中文名称简称	英文名称	英文名称简称
1	司法部社区矫正管理局	部社矫局	community-corrections administration of the ministry of justice	corrections administration
2	省（自治区、直辖市）社区矫正管理局	省（区、市）社矫局	provincial (autonomous region, direct-controlled municipality) community-corrections administration	provincial (autonomous region, direct-controlled municipality) correction administration

161

续表

序号	中文名称	中文名称简称	英文名称	英文名称简称
3	市(州、盟、地区)社区矫正管理局	市(州、盟、地区)社矫局	municipal(prefecture,league,regional)community-corrections administration	municipal(prefecture,league,regional)correction administration
4	县(市、区、旗)社区矫正管理局	县(市、区、旗)社矫局	county(municipal,district,banner)community-corrections administration	county(municipal,district,banner)correction administration
5	社区矫正执法总队	社矫总队	community-corrections law enforcement general command	law enforcement general command
6	社区矫正执法支队	社矫支队	community-corrections law enforcement command	law enforcement command
7	社区矫正执法大队	社矫大队	community-corrections law enforcement unit	law enforcement unit
8	社区矫正执法中队	社矫中队	community-corrections law enforcement squad	law enforcement squad
9	社区矫正移动执法终端、社区矫正电子定位终端、自助矫正终端、社区矫正移动执法车	社矫四大装备	community-corrections portable law enforcement terminal、community-corrections electronic positioning terminal、self-service correcting terminal、community-corrections enforcement vehicle	positioning terminal、portable law enforcement terminal、self-service correcting terminal、enforcement vehicle

参考文献

[1] 司发通[2012]12号.社区矫正实施办法.最高人民法院、最高人民检察院、公安部、司法部.2012年1月10日印发

［2］司发通［2014］112号.暂予监外执行规定.最高人民法院、最高人民检察院、公安部、司法部、卫计委.2014年10月24日印发

［3］司发通［2016］88号.关于进一步加强社区矫正工作衔接配合管理的意见.最高人民法院、最高人民检察院、公安部、司法部.2016年8月30日印发

［4］司发通［2018］78号.司法部关于加强社区矫正专案执行工作的意见.司法部.2018年8月1日印发

社区矫正电子定位腕带技术规范
（SF/T 0056—2019）

（2019年9月30日）

前 言

本标准按照 GB/T 1.1—2009 给出的规则起草。

请注意本文件的某些内容可能涉及专利。本文件的发布机构不承担识别这些专利的责任。

本标准由司法部社区矫正管理局提出。

本标准由司法部信息中心归口。

本标准起草单位：司法部社区矫正管理局、安徽省司法厅、安徽省工业和信息化研究院。

本标准主要起草人：姜爱东、姜晓宇、沈桂珍、刘晔、郭健、肖运出、江铁生。

社区矫正电子定位腕带技术规范

1 范围

本标准规定了社区矫正电子定位腕带的产品代号编码结构、技术要求、试验方法、检验规则和包装、运输及贮存。

本标准适用于社区矫正对象佩戴的电子定位腕带的设计、研发、制造和检验。

2 规范性引用文件

下列文件对于本文件的应用是必不可少的。凡是注日期的引用文件，仅注日期的版本适用于本文件。凡是不注日期的引用文件，其最新版本（包括所有的修改单）适用于本文件。

GB/T 191 包装储运图示标志

GB/T 2423.1—2008 电工电子产品环境试验 第2部分：试验方法 试验A：低温

GB/T 2423.2—2008 电工电子产品环境试验 第2部分：试验方法 试验B：高温

GB/T 2423.3 环境试验 第2部分：试验方法 试验Cab：恒定湿热试验

GB/T 2423.5 环境试验 第2部分：试验方法 试验Ea和导则：冲击

GB/T 2423.7 环境试验 第2部分：试验方法 试验Ec：粗率操作造成的冲击（主要用于设备型样品）

GB/T 2423.10 环境试验 第2部分：试验方法 试验Fc：振动（正弦）

GB/T 2423.22 环境试验 第2部分：试验方法 试验N：温度变化

GB/T 4208—2017 外壳防护等级（IP代码）

GB 4943.1 信息技术设备 安全 第1部分：通用要求

GB/T 7408 数据元和交换格式 信息交换 日期和时间表示法

GB/T 22451 无线通信设备电磁兼容性通用要求

GB/T 26125 电子电气产品 六种限用物质（铅、汞、镉、六价铬、多溴联苯和多溴二苯醚）的测定

GB/T 26572 电子电气产品中限用物质的限量要求

GB 31241 便携式电子产品用锂离子电池和电池组 安全要求

GB/T 32638—2016 移动通信终端电源适配器及充电/数据接口技术要求和测试方法

SF/T 0055—2019 社区矫正术语

SJ/T 11588—2016 BDS/GPS 射频与基带一体化模块性能要求与测试方法

3 术语和定义

SF/T 0055—2019 界定的以及下列术语和定义适用于本文件，为了便于使用，以下重复列出了 SF/T 0055—2019 中的某些术语和定义。

3.1

社区矫正 community-corrections

将符合法定条件的罪犯置于社区内，由社区矫正机构在有关部门、社会组织和志愿者的协助下，在判决、裁定或决定确定的期限内，矫正其犯罪心理和行为恶习的非监禁刑罚执行活动。

注：引自 2012 年 3 月 1 日实施的最高人民法院、最高人民检察院、公安部、司法部《社区矫正实施办法》第三条。

[SF/T 0055—2019，定义 2.1]

3.2

社区矫正电子定位腕带 community-corrections electronic positioning wrist band

电子定位腕带 electronic positioning wrist band

佩戴在社区矫正对象腕上，对其实施定位，具备防拆、防水和收发数据等功能，掌握其活动范围的社区矫正专用电子终端。

3.3

盲区 blind area

电子定位腕带由于外部原因无法通过移动通信网收发数据的区域。

4 产品代号编码结构

电子定位腕带产品代号由5段21位字母和阿拉伯数字表示,第1-3位是产品名称代号,第4位是产品佩戴位置代号,第5-7位是企业名称代号,第8-9位是产品型号代号,第10-21位是产品序列号,段与段之间用"-"分割。要求如下：

a) 产品名称代号：用大写汉语拼音字母"DDW"表示；

b) 产品佩戴位置代号：手腕佩戴式电子定位腕带用大写字母"S"表示,足腕佩戴式电子定位腕带用大写字母"Z"表示；

c) 企业名称代号：用3位大写汉语拼音字母或阿拉伯数字组合表示；

d) 产品型号代号：用2位大写汉语拼音字母或阿拉伯数字组合表示；

e) 产品序列号：用12位阿拉伯数字表示,其中应包含产品的生产年份（YYYY,见GB/T 7408）、星期（Www,见GB/T 7408）和顺序号（5位阿拉伯数字）。

电子定位腕带产品代号编码结构如图1所示。

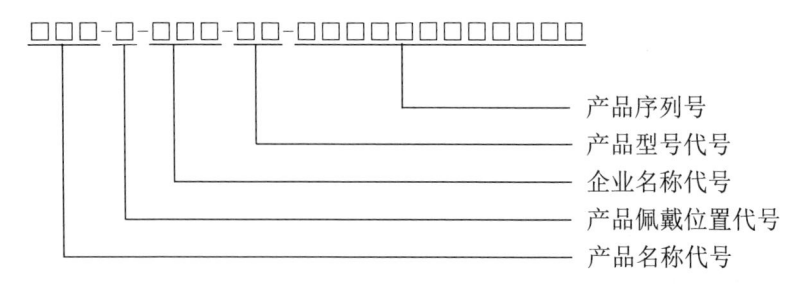

图1 电子定位腕带产品代号编码结构

示例：××企业生产的手腕佩戴式电子定位腕带产品，企业名称代号为 ABC，产品型号代号为 01，产品序列号为 2018W0100001，则产品代号为 DDW-S-ABC-01-2018W0100001。

5 技术要求

5.1 结构

电子定位腕带应采用一体式结构，由表体与表带组成。

5.2 外观

5.2.1 电子定位腕带表面应光滑，无凹痕、划伤、裂缝、变形、毛刺和霉斑等现象，表面涂层应无起泡、龟裂和脱落，灌注物应无外溢。

5.2.2 金属件应无锈蚀与其它机械损伤，塑胶件无明显缩水、划伤和脱漆。

5.2.3 表带应平整、光滑和无扭曲，带面不应有明显麻点和划痕。

5.2.4 电子定位腕带零部件应紧固无松动和翘起，各种功能应能正常工作。

5.3 材质

电子定位腕带的限用物质限量应符合 GB/T 26572 的要求。

5.4 通讯方式及协议

5.4.1 电子定位腕带应支持 2G/3G/4G/5G/NB-IoT（窄带物联网）/卫星传输等一种或多种远程通讯方式。

5.4.2 通讯协议应采用 TCP（传输控制协议）/UDP（用户数据报协议）/HTTP（超文本传输协议）/COAP（受限应用协议）/MQTT（消息队列遥测传输）等，支持与省级社区矫正一体化平台互联。

5.5 电池

5.5.1 一般要求

电子定位腕带应使用可充电电池供电。

5.5.2 充电方法

电子定位腕带与充电器应采用有线或无线方式充电，充电时符合以下要求：

a）首先为移动充电器充电，待充电器充满后再为电子定位腕带充电；

b）充电器充电期间不应为电子定位腕带充电，应将电子定位腕带与充电器分开进行充电；

c）人体在佩戴电子定位腕带充电时，应杜绝人体通过导线连接接触市电；

d）电子定位腕带充电期间腕带贴皮肤的部位温度不应超过45℃。

5.5.3 充电接口能力

电子定位腕带与充电器的充电控制电路应具有限流保护装置，不应发生燃烧、爆炸及电路损坏的现象。

5.6 续航时间

在正常使用环境下，电子定位腕带在电池饱和状态下每小时实施一次定位并上报条件下，续航时间应>72 h。

5.7 功能

5.7.1 定位功能

5.7.1.1 定位模式

定位模式要求如下：

a）应支持卫星（北斗/GPS）、WIFI和基站定位模式；

b）应支持多种定位模式相结合；

c）应支持定位模式智能切换。

5.7.1.2 定位精度

电子定位腕带的北斗/GPS水平定位精度应≤20m。

5.7.1.3 定位信息上传

定位信息上传要求如下：

a）应具备盲区补报功能，可存储100条以上的离线定位数据；

b）应具备定位数据采样频率可配置功能（取值以min为单位，范围应≤60min）。

5.7.2 告警功能

电子定位腕带应具备拆卸、低电和电子围栏告知等告警功能，告警的形式应支持屏幕显示、振动或其它方式，具体要求如下：

a) 拆卸告警功能：电子定位腕带应具有不可逆的硬件防拆装置，在遭到破坏、剪断或拆卸等非正常摘取电子定位腕带时，应能实时向省级社区矫正一体化平台发送告警信息；

b) 低电告警功能：电子定位腕带电量不足20%时，应及时向社区矫正对象告警，提醒其充电；

c) 电子围栏告警功能：电子定位腕带超出（或进入）省级社区矫正一体化平台默认的行政区划及其他情况设定的电子围栏时，省级社区矫正一体化平台应能实时接收消息并向社区矫正对象提示。

5.7.3 开关机功能

电子定位腕带在充电时应能自动开机；电子定位腕带使用时应无法通过按键操作进行关机，支持远程关机功能。

5.8 防拆性能

防拆性能要求如下：

a) 应具有不可逆的硬件防拆装置；

b) 整体抗拉力应≥350N。

5.9 外壳防护性能

电子定位腕带的外壳防护性能应符合 GB/T 4208—2017 中 IP68 等级的要求。

5.10 安全性

5.10.1 设备安全性能

电子定位腕带的安全性能应符合 GB 4943.1 的要求。

5.10.2 电池安全性能

电子定位腕带使用的电池安全性能应符合 GB 31241 的要求。

5.11 电磁兼容性

电子定位腕带的电磁兼容性应符合 GB/T 22451 的要求。

5.12 环境适应性

5.12.1 气候环境适应性

电子定位腕带应按表1规定进行气候环境适应性试验，试验过程中不应发生状态改变，试验后电子定位腕带应能正常工作。

表1 气候环境适应性

项　目		额定值	试验时间	状　态
高温		(60 ± 2)℃	2 h	工作状态
高温贮存		(65 ± 2)℃	16 h	非工作状态
低温		(-20 ± 3)℃	2 h	工作状态
低温贮存		(-40 ± 3)℃	16 h	非工作状态
恒定湿热		(40 ± 2)℃，相对湿度(93 ± 3)%	4 h	工作状态
恒定湿热贮存		(40 ± 2)℃，相对湿度(93 ± 3)%	48 h	非工作状态
温度变化	最低温度	(-10 ± 2)℃	暴露时间：1 h 转换时间：3 min 循环次数：4次	工作状态

5.12.2 机械环境适应性

电子定位腕带应按表2规定的机械环境适应性试验，试验后，电子定位腕带及其内部不应产生永久性的结构变形、机械损伤、电气故障和紧固部件松动。电子定位腕带内部线路、电路板和接口等插件应无脱落、松动或接触不良现象。试验后应能正常工作，储存的数据应无丢失。

表2 机械环境适应性

项目	额定值	试验时间	状态
振动	频率范围：$(10\sim55\sim10)$ Hz （正弦振动） 位移幅值：0.35 mm 1倍频程/min	X、Y、Z方向各30 min，共1.5 h	工作状态

170

续表

项目	额定值	试验时间	状态
冲击	冲击脉冲波形：半正弦 加速度幅值：300 m/s^2 脉冲持续时间：11 ms	X、Y、Z各3次	工作状态
自由跌落	无显示屏跌落高度2 m， 有显示屏跌落高度500 mm 水泥地面	任意4个面 各1次	工作状态

6 试验方法

6.1 结构检验

目视电子定位腕带结构，判定结果是否符合5.1的要求。

6.2 外观检验

在自然背光条件下，以目视观感（500 mm处）和手感检验电子定位腕带，判定结果是否符合5.2的要求。

6.3 材质检验

电子定位腕带生产企业应提供省级以上检验机构依据GB/T 26125对主要材料的检验合格报告，判定结果是否符合5.3的要求。

6.4 通讯方式及协议检验

电子定位腕带的通讯方式及协议应使用通讯卫星、通讯网络和通讯协议检测设备进行检验，判定结果是否符合5.4的要求。

6.5 电池检验

6.5.1 一般要求检验

在正常使用环境下，进行充电操作，检查电池，判定结果是否符合5.5.1的要求。

6.5.2 充电方法检验

在正常使用环境下，进行充电操作，检查充电器；充电期间使用温度传感器获取腕带贴皮肤部位的温度。判定结果是否符合5.5.2的要求。

6.5.3 充电接口能力检验

按 GB/T 32638—2016 中 5.4.2.1.1 方法进行测试，判定结果是否符合 5.5.3 的要求。

6.6 续航时间检验

在正常使用环境下，将电子定位腕带电池充电到饱和状态后，每小时实施一次定位，记录连续正常工作时间，判定结果是否符合 5.6 的要求。

6.7 功能检验

6.7.1 定位功能检验

6.7.1.1 定位模式检验

提供测试环境，在正常接入卫星（北斗/GPS）、WIFI 和基站数据的条件下，输出现场采集的卫星（北斗/GPS）、WIFI 和基站数据，判定卫星（北斗/GPS）、WIFI 和基站定位模式、多种定位模式相结合和定位模式智能切换等功能，结果是否符合 5.7.1.1 的要求。

6.7.1.2 定位精度检验

按照 SJ/T 11588—2016 中的定位和测速精度测试方法进行检测，判定结果是否符合 5.7.1.2 的要求。

6.7.1.3 定位信息上传检验

将电子定位腕带连接省级社区矫正一体化平台，在终端通信盲区和非盲区两种状态下，观察上传数据和省级社区矫正一体化平台的接收数据，判定是否具备盲区补报和数据采样频率可配置功能，是否符合 5.7.1.3 的要求。

6.7.2 告警功能检验

将电子定位腕带连接省级社区矫正一体化平台，电子定位腕带在非正常摘取时，应能观察省级社区矫正一体化平台实时接收到告警信息；将电子定位腕带放电至电量不足 20% 时，应提示低电告警；电子定位腕带应能接收省级社区矫正一体化平台消息并告警提示，判定结果是否符合 5.7.2 的要求。

6.7.3 开关机功能检验

开关机功能检验要求如下：

a) 开机：在电池耗尽关机状态下，进行充电，判断电子定位腕带是否可以自动开机；

b) 关机：进行按键操作，判定结果是否符合5.7.3的要求。

6.8 防拆性能检验

防拆功能检验要求如下：

a) 在不提供原配件的情况下，电子定位腕带被拆后无法复原，判定结果是否符合5.8 a)的要求；

b) 将电子定位腕带放入抗拉强度试验机，在表带正常扣锁的情况下，通过试验模具平直拉伸表带，速度≥0.5mm/min，直至拉力>350N。判定结果是否符合5.8 b)的要求。

6.9 外壳防护性能检验

外壳防护性能中的防尘性能应按GB/T 4208—2017中第1位数字特征为6的试验方法进行试验，防持续浸水性能应按GB/T 4208—2017中第2位数字特征为8的试验方法进行试验，判定结果是否符合5.9的要求。

6.10 安全性检验

6.10.1 设备安全性能检验

电子定位腕带生产企业应提供省级以上检验机构出具的符合GB 4943.1规定的的检测报告，以满足5.10.1的要求。

6.10.2 电池安全性能检验

电子定位腕带所使用的电池应提供省级以上检验机构出具的符合GB 31241的检测报告，以满足5.10.2的要求。

6.11 电磁兼容性检验

电子定位腕带生产企业应提供省级以上检验机构出具的符合GB/T 22451规定的检测报告，以满足5.11的要求。

6.12 环境适应性检验

6.12.1 气候环境适应性检验

6.12.1.1 高温试验

电子定位腕带高温试验程序应按 GB/T 2423.2—2008 中 5.2 试验 Bb 的规定及以下程序进行：

a）电子定位腕带应在无包装的状态下，放入温度为室温的试验箱内，并尽可能放在试验箱中央，以使电子定位腕带的任何部位和箱壁之间有足够空间；

b）试验箱温度按（0.7~1）℃/min（指每 5 min 的平均值）的平均速率上升，逐渐升温至 60 ℃±2 ℃。当电子定位腕带达到温度稳定后，开机并持续工作 2 h；

c）在试验结束前 30 min 时检查并记录电子定位腕带的状态；

d）试验结束后，将电子定位腕带断开电源，试验箱温度按（0.7~1）℃/min 的平均速率降低至 23 ℃±2 ℃，恢复 2 h 后进行功能试验。

判定结果是否符合 5.12.1 的要求。

6.12.1.2 高温贮存试验

电子定位腕带高温贮存试验程序应按 GB/T 2423.2—2008 中 5.2 试验 Bb 的规定及以下程序进行：

a）电子定位腕带应在无包装和不开机的状态下，放入温度为室温的试验箱内，并尽可能放在试验箱中央，以使电子定位腕带的任何部分和箱壁之间有尽可能多的空间；

b）试验箱温度按（0.7~1）℃/min 的平均速率（指每 5 min 的平均值）上升，逐渐升温至 65 ℃±2 ℃。当电子定位腕带达到温度稳定后，搁置 16 h；

c）试验结束，试验箱温度按（0.7~1）℃/min 的平均速率降低至正常的试验大气条件范围内的某一数值，恢复 2 h 后进行功能试验。

判定结果是否符合 5.12.1 的要求。

6.12.1.3 低温试验

电子定位腕带低温试验程序应按 GB/T 2423.1—2008 中 5.2 试验 Ab 的规定及以下程序进行：

a）电子定位腕带应在无包装的状态下，放入温度为室温的试验箱内，并尽可能的放在试验箱中央，以使电子定位腕带的任何部分和箱壁之间有尽可能多的空间；

b）试验箱温度按（0.7~1）℃/min的平均速率（指每5 min的平均值）下降至-20 ℃±3 ℃。当电子定位腕带达到温度稳定后开机，对电子定位腕带持续工作2 h；

c）试验结束，将电子定位腕带断开电源，试验箱温度按（0.7~1）℃/min的平均速率上升至正常的试验大气条件范围内的某一数值，恢复2 h后进行功能试验。

判定结果是否符合5.12.1的要求。

6.12.1.4 低温贮存试验

电子定位腕带低温贮存试验程序应按GB/T 2423.1—2008中5.2试验Ab的规定及以下程序进行：

a）电子定位腕带应在无包装和不开机的状态下，放入温度为室温的试验箱内；

b）试验箱温度按（0.7~1）℃/min的平均速率（指每5 min的平均值）下降至-40 ℃±3 ℃。当电子定位腕带达到温度稳定后，搁置16 h；

c）试验结束，试验箱温度按（0.7~1）℃/min的平均速率上升至正常的试验大气条件范围内的某一数值，恢复2 h后进行功能试验。

判定结果是否符合5.12.1的要求。

6.12.1.5 恒定湿热试验

电子定位腕带恒定湿热试验程序应按GB/T 2423.3的规定及以下程序进行：

a）电子定位腕带应在无包装的状态下，放入温度为室温的试验箱内；

b）试验箱温度按（0.7~1）℃/min的平均速率（指每5 min的平均值）上升至40 ℃±2 ℃。当电子定位腕带达到温度稳定后再加湿度至相对湿度为（93±3）%，开机后搁置4 h；

c）在试验的最后30 min内检查电子定位腕带的状态；

d）试验结束，将试验箱温度恢复到正常的试验大气条件范围内

的某一数值,恢复2 h后进行功能试验;

e)检查试验过程中及试验后电子定位腕带工作情况。

判定结果是否符合5.12.1的要求。

6.12.1.6 恒定湿热贮存试验

电子定位腕带恒定湿热贮存试验程序应按GB/T 2423.3的规定及以下程序进行:

a)恒定湿热试验贮存试验可与中间省去恢复和功能测试的恒定湿热试验组合进行;

b)电子定位腕带应在无包装和不开机的状态下,放入温度为室温的试验箱内;

c)试验箱温度按(0.7~1)℃/min的平均速率(指每5min的平均值)上升至40 ℃±2 ℃。当电子定位腕带达到温度稳定后再加湿度至相对湿度为(93±3)%,搁置48 h;

d)试验结束,将试验箱温度恢复到正常的试验大气条件范围内的某一数值,恢复2 h后进行功能试验。

判定结果是否符合5.12.1的要求。

6.12.1.7 温度变化试验

电子定位腕带温度变化试验程序应按GB/T 2423.22的规定及以下程序进行:

a)电子定位腕带应在无包装和开机状态下,放入-10 ℃±2 ℃的试验箱内搁置1 h,并尽可能的放在试验箱中央,以使电子定位腕带的任何部分和箱壁之间有尽可能多的空间;

b)在3min内将电子定位腕带移动到30 ℃±2 ℃的试验箱内搁置2 h,并尽可能的放在试验箱中央,以使电子定位腕带的任何部分和箱壁之间有尽可能多的空间;

c)重复a)到b)试验4次;

d)在条件试验期间监测电子定位腕带,观察其状态的任何变化。在最后一个循环的高温和低温条件试验期间的最初10 min内进行功能试验。

判定结果是否符合 5.12.1 的要求。

6.12.2 机械环境适应性检验

6.12.2.1 振动试验

电子定位腕带振动试验程序应按 GB/T 2423.10 的规定及以下程序进行：

a) 电子定位腕带应在无包装和开机的状态下，紧固在振动台上（电子定位腕带和夹具综合重心的垂线应位于振动台面的中心附近），应避免紧固电子定位腕带的装置件（螺栓、压板、压条等）在振动试验中产生自身共振；

b) 电子定位腕带按频率范围：（10~55~10）Hz（正弦振动），位移幅值：0.35 mm，1 倍频程/min，X、Y、Z 方向各 30 min，共 1.5 h 进行扫频振动；如果有共振频率，记录共振点，在共振频率上振动 15 min。

判定结果是否符合 5.12.2 的要求。

6.12.2.2 冲击试验

电子定位腕带冲击试验程序应按 GB/T 2423.5 的规定及以下程序进行：

a) 电子定位腕带应在无包装和开机的状态下，紧固在冲击试验机的台面上；

b) 电子定位腕带应按冲击脉冲波形：半正弦，加速度幅值：300 m/s2，脉冲持续时间：11 ms，X、Y、Z 各 3 次进行冲击试验。

判定结果是否符合 5.12.2 的要求。

6.12.2.3 自由跌落试验

电子定位腕带自有跌落试验程序应按 GB/T 2423.7 的规定。电子定位腕带应在无包装和开机状态下按表 2 规定的高度自由跌落，判定结果是否符合 5.12.2 的要求。

7 检验规则

7.1 检验分类

电子定位腕带检验分为型式检验和出厂检验。

7.2 型式检验

7.2.1 有下列情况之一时，应进行型式检验：
a) 新产品设计定型或生产定型时；
b) 当结构、材质或生产工艺有重大改变时；
c) 产品首次生产或停产半年后恢复生产时；
d) 每年应进行周期性检验时；
e) 主管部门提出型式检验要求时。

7.2.2 型式检验的检验项目、技术要求和试验方法应按表3规定执行，并按表3顺序自上而下依次进行。

表3 型式检验、出厂检验的检验项目、技术要求和试验方法

检验项目		技术要求	试验方法	型式检验	出厂检验
结构		5.1	6.1	●	○
外观		5.2	6.2	●	○
材质		5.3	6.3	●	—
通讯方式及协议		5.4	6.4	●	—
电池	一般要求	5.5.1	6.5.1	●	—
	充电方法	5.5.2	6.5.2	●	—
	充电接口能力	5.5.3	6.5.3	●	—
续航时间		5.6	6.6	●	○
功能	定位功能	5.7.1	6.7.1	●	—
	告警功能	5.7.2	6.7.2	●	—
	开关机功能	5.7.3	6.7.3	●	—
防拆性能		5.8	6.8	●	—
外壳防护性能		5.9	6.9	●	—
安全性	设备安全性能	5.10.1	6.10.1	●	—
	电池安全性能	5.10.2	6.10.2	●	—
电磁兼容性		5.11	6.11	●	—
环境适应性	气候环境适应性	5.12.1	6.12.1	●	—
	机械环境适应性	5.12.2	6.12.2	●	—
注："●"为必检项目；"○"为抽检项目；"—"为不检项目。					

7.2.3 电子定位腕带型式检验数量为2台。

7.2.4 型式检验（2台）的各项技术要求检验合格，则判定型式检验合格；否则，判定型式检验不合格。

7.3 出厂检验

7.3.1 电子定位腕带经质量检验部门检验合格后方可出厂。

7.3.2 电子定位腕带出厂检验采用随机抽样的方法，产品应按组批和抽样规则进行抽样，检验项目、技术要求和试验方法应按表3规定执行。

7.4 组批和抽样

7.4.1 组批规则

以同一结构、同一材料和同一种生产工工艺制造的电子定位腕带为一检验批。

7.4.2 抽样规则

7.4.2.1 出厂检验时，对同一批次的电子定位腕带进行结构、外观和续航时间项目的抽检。

7.4.2.2 出厂检验的抽样数量应按表4规定执行。

表4 出厂检验抽样数量

批量数（件）	抽样总数 a（件）	试验项目数量		
		6.1	6.2	6.6
1~99	4	1件	1件	1件
100~999	6	2件	2件	1件
1000~2999	8	3件	3件	1件
3000~5000	15	8件	8件	2件
a 抽样总数中1件为备用。				

7.5 判定规则

出厂检验全部项目合格，判定该批产品合格。续航时间不合格，则判定该批产品不合格；其他单项性能指标检验不合格，则允许加倍抽样复验，如加倍复验合格，则判定该批产品合格，否则判定该批产品不合格。

8 包装、运输及贮存
8.1 包装标识

8.1.1 包装盒上应标注产品名称、产品型号、产品执行标准、生产企业名称和地址等信息。

8.1.2 包装盒两端面标注的怕湿标识和小心轻放等标识应符合GB/T 191 的规定。

8.2 包装

8.2.1 产品出厂包装应牢固可靠,在正常装运过程中应不碰伤和受潮。

8.2.2 包装盒内应附产品合格证、使用说明书、备件和随机工具。

8.3 运输与贮存

8.3.1 包装件在运输、贮存中不应露天堆放,不应日晒雨淋。搬运、装卸过程中应无抛摔等损伤外包装的不当操作。

8.3.2 贮存包装件的仓库应通风干燥,相对湿度应≤80%。

8.3.3 包装件堆码底层距地面 250 mm 以上。